W0336998

AG SPAK
Arbeitsgemeinschaft sozialpolitischer Arbeitskreise
Materialien der AG SPAK – M 170

Sabine Sautter, Evangelisches Bildungswerk München (EBW)

Leben erinnern.

Biografisches Arbeiten mit Älteren

Mit Beiträgen von
Annette Arand, Petra Dahlemann,
Anne Münchmeier, Sabine Sautter,
Karin Wimmer-Billeter

Impressum

© beim Herausgeber

3. aktualisierte Auflage 2004

Satz: Hannelore Zimmermann, Waldemar Schindowski
Titelgestaltung: Hannelore Zimmermann, Waldemar Schindowski

Druck: Digitaldruck leibi.de, Neu-Ulm

Zu bestellen über den Buchhandel oder direkt bei:

AG SPAK Bücher
Holzheimer Str. 7, 89233 Neu-Ulm
Fax 07308/919095 E-mail: spak-buecher@leibi.de
Internet: www.leibi.de/spak-buecher

Auslieferung für den Buchhandel:
SOVA, Frankfurt, Fax 069/410280

ISBN 3-930830-49-3

Bibliografische Informationen Der Deutschen Bibliothek
Die Deutsche Bibliothek verzeichnet diese Publikation in der Deutschen Nationalbibliografie; detaillierte bibliografische Daten sind im Internet über http://dnb.ddb.de abrufbar.

Inhalt

Einführung

Biografisches Erzählen

Erinnerungspflege mit Hochbetagten

Biografisches Schreiben

Projekte aus der Biografiearbeit

Anhang

Beispieltexte von Teilnehmerinnen

Zu diesem Buch

Dieses Buch will vor allem eins: Es will Ihnen Lust machen auf Biografiearbeit und einiges von uns in der Praxis erprobtes Handwerkszeug dafür zur Verfügung stellen. Wir freuen uns, wenn Sie die hier vorgestellten Methoden in Ihrer Arbeit mit alten Menschen erproben, abwandeln oder eigene erfinden. Wir selbst erfahren in unserer Arbeit immer wieder, dass Lebensgeschichten alter Menschen ein Geschenk sind, egal, ob sie erzählt oder aufgeschrieben werden. Ein Geschenk an die Gruppe, mit der wir arbeiten, aber auch ein Geschenk an uns Leiterinnen. Wir haben unendlich viel gelernt von „unseren" alten Menschen. Und hier benutzen wir bewusst das viel geschmähte Wort „alt", denn in der Biografiearbeit erfahren wir immer wieder, welche Qualität Alter bedeutet.

Auf den folgenden Seiten stellen wir Ihnen unsere biografischen Methoden vor und erläutern einige Hintergründe. Wir, das sind drei Kolleginnen im Evangelischen Bildungswerk München, die mit verschiedenen Zugängen biografisch arbeiten, im Team und allein. Dazu haben wir eine geschätzte katholische Kollegin um einen Gastartikel gebeten. Mit ihr verbindet uns eine langjährige und herzliche Kooperation – auch zu biografischen Themen. Und wir beziehen uns auf eine frühere Kollegin, von der wir einige Methoden übernommen haben.

Dieses Buch ist entstanden aus unserer praktischen Arbeit. Seit vielen Jahren bieten wir Biografie-Seminare an für Menschen etwa zwischen Mitte fünfzig und achtzig Jahren. Seminare zum Erzählen und mehr noch solche zum biografischen Schreiben. Wir haben das Zeitschreiber-Projekt entwickelt, bei dem ältere Menschen biografische Texte schreiben, diese Texte vorlesen – bei Jugendlichen, MigrantInnen und anderen – und über ihre Texte diskutieren. Wir veranstalten Schreibwettbewerbe und geben Textsammlungen heraus. Und seit mehreren Jahren bieten wir Fortbildungen an für freiwillige und hauptberufliche „BiografiearbeiterInnen". Auch für diejenigen, die mit Hochbetagten zu Hause und in Seniorenheimen arbeiten. Auf den folgenden Seiten berichten wir Ihnen also aus unserer praktischen Arbeit, von unseren ganz persönlichen Erfahrungen, von unseren Ideen, die sich bewährt haben (die weniger bewährten haben wir weggelassen), und den Gedanken, die wir uns über unsere Arbeit machen.

Das Buch ist unterteilt in vier Kapitel. Das erste befasst sich mit biografischem Erzählen in Seminaren der Erwachsenenbildung. Das zweite Kapitel gibt eine Einführung in die Erinnerungspflege, das heißt in die Biografiearbeit mit Hochbetagten. Im dritten Kapitel stellen wir Ihnen biografisches Schreiben vor. Die Methoden der ersten drei Kapitel können Sie problemlos in Gruppenstunden übernehmen. Das vierte Kapitel stellt Ihnen in zwei Aufsätzen biografische Projekte vor, die etwas längerfristig angelegt sind, nämlich das Zeitschreiber-Projekt und das Münchner Erzählcafé. Man kann sie nachahmen oder kleine Teile daraus kopieren, in jedem Fall wird das aber mehrere Stunden in Anspruch nehmen – äußerst lohnenswerte Stunden.

In den ersten drei Kapiteln haben wir den konkret beschriebenen Methoden einige grundlegende Überlegungen vorangestellt („Grundlagen") und geben unter dem Stichwort „Hintergrund" allgemeine Tipps zur Anleitung der Methoden. Diese Infoteile beziehen sich schwerpunktmäßig auf das Kapitel, dem sie vorangestellt wurden, enthalten aber immer auch Überlegungen, die sich auf die gesamte Biografiearbeit beziehen.

Natürlich können Sie alle vorgestellten Methoden auch abwandeln, beispielsweise Methoden zum biografischen Schreiben zum Erzählen einsetzen und umgekehrt. Ihrer Kreativität sind keine Grenzen gesetzt, und wir möchten Sie ermutigen, mit dem, was Sie hier erfahren, spielerisch umzugehen, Varianten zu erfinden und sie auszuprobieren. Wir wünschen Ihnen viel Spaß beim Blättern und Schmökern und hoffen, Ihnen hilfreiche Tipps geben zu können – und etwas von unserer Freude an dieser Arbeit mitzuteilen.

München im März 2004
Sabine Sautter

Unser Erwachsenenbildungskonzept

Erwachsene lernen. Erwachsene lernen auch. Immerzu. Erwachsene lernen, um... um sich für ihren Beruf fortzubilden; um Kenntnisse zu erwerben, die sie „irgendwo brauchen können" – etwas, das sie immer schon mal lernen wollten: die chinesische Sprache, Tücher binden, Fotografie und wie man ein Segelboot gegen den Wind steuert. Immer wieder richtet sich dabei der Blick auf das Gelernte, den „Inhalt", der wie ein Gut erworben wird und dann dem Individuum „zur Verfügung steht." Am besten abrufbar, prüfbar.

Aber immer ist hier noch etwas anderes am Werk: Lernen ist ein menschlicher Urdrang und eine Ausdehnung des Lebens. Lernen selbst – wenn es „gut" geschehen kann – ist unabhängig von seinem Gegenstand reine Lust. Der und die Einzelne überschreitet bisherige Grenze, ihr Leben wird „welthaltiger" und der Lernende verbindet sich in neuer Weise mit anderen. In dem er eine neue „Kunst" lernt, die Teil unserer oder einer anderen Kultur ist, verbindet er sich, über das Hier und Heute hinaus – und mit mehr Individuen, als denen, die gerade mit ihm oder ihr am Tisch sitzen. Dieser Lernende wird selbst Teil des Kulturstromes und trägt seinen Teil dazu bei. Diejenigen, die gerade etwas lernen, sehen auch anders. Der Erwerb einer Kulturtechnik, wie das Schreiben, schärft den Blick für Literatur und gibt neue Beurteilungskriterien für die Kunstprodukte der „Hochkultur". Und nicht nur das. Eine Haltung und Lebensweise kann plötzlich verstanden werden, wie etwa die Künstlerpersönlichkeit und der künstlerische Prozess selbst. Ermutigt lernen zu dürfen, kann für Menschen eine echte Befreiung von internalisierten Verboten, Zwängen und Einschüchterungen sein, die sie seit der Schulzeit mit sich tragen – oder anderen leidvollen Erfahrungen einer abwertenden Pädagogik. Je länger der Lernprozess dauert, desto mehr tritt die Erfahrung von: Ich kann was! Ich kann das! Ich genüge! Dies ist meine Sprache! Dies ist mein Thema! in den Vordergrund, gegenüber dem Lerngegenstand. Es ist immer wieder erstaunlich, wie sehr sich die eigenen Lernziele von TeilnehmerInnen im Lernprozess wandeln. Um bei unseren Beispiel zu bleiben: Manch eine Teilnehmerin, die in der ersten Kursstunde erklärt, sie sei „von ihrer Tochter geschickt worden", um mal ihr Leben aufzuschreiben, überrascht ein halbes Jahr später mit der

Bitte, ob wir nicht mal über Lyrikformen sprechen könnten, denn ihr würden nachts plötzlich immer wieder Gedichte einfallen...

Es ist die Freude und die Ehre für uns, solche Prozesse anzuregen und auch über einen längeren Zeitraum zu begleiten. Wie man an diesem Beispiel sieht, bedeutet das auch: selbst unaufhörlich mitzulernen und mit den TeilnehmerInnen zu wachsen. Und unaufhörlich die eigenen Erwartungen und Ziele zu überprüfen (nicht, sie sofort aufzugeben). Die Methodik dieser Erwachsenenbildung darf nicht ein starres Korsett sein. Wohl muss sie (besonders am Anfang) klare Struktur haben und genügend Halt bieten, damit sich TeilnehmerInnen sicher und geschützt genug fühlen, um sich auf die Grenzverschiebungen und Weltschübe einlassen zu können. Aber immer wieder wird gesucht und getastet: Stimmen unsere Konzepte noch? Was wird jetzt gebraucht? Sollte an dieser Stelle ein neues Zusatzangebot formuliert werden? Sind wir selbst als ReferentInnen immer noch kompetent genug oder holen wir jemanden dazu?

Als Erwachsene lernen heißt nicht: wieder Kind zu werden. Auch das gilt es zu beachten. Oft sind uns unsere TeilnehmerInnen nicht nur an Jahren „überlegen“, sondern auch an Lebenserfahrung und Weisheit. Wir lieben ein gemeinsames Lernen, bei dem dieser mitgebrachte Schatz an Erfahrungen auch zutage treten darf und nicht durch den neuen Lerngegenstand zugedeckt wird. „Selberschön“, eine Münchner Institution, nennt ihre Dozenten „Kreativpartner“. Das würde auch zu unserem Selbstverständnis gut passen.

Theoretischer „Input“, Techniken, Handwerkszeug, Übungen, „Hausaufgaben“ sogar sind ein wichtiger Teil unserer Seminare. Es gibt viele Dinge, die man „nach Hause“ nehmen kann, Lerninhalte, die den Einzelnen nun „zur Verfügung stehen“. Wer kann, der kann! Aber – und das ist vor allem für die Kursleitung wichtig – das Eigentliche passiert dabei, dahinter, daneben. Es mag Kreativität heißen oder Ermutigung oder Befreiung, Entwicklung oder was auch immer. Jenem kann man von der Begrüßung der TeilnehmerInnen an Raum geben, und jenes ist in allen Methodikteilen in den Blick zu nehmen. Entwicklung hat einen letztlich offenen Ausgang. Auch für DozentInnen. Das ist das Spannende.

Petra Dahlemann

Biografisches Erzählen

Grundlagen

- Biografiearbeit

Methoden zur Zeitgeschichte

- Erlebte Zeitgeschichte
- Talkshow
- Spiele

Methoden zur individuellen Geschichte

- Lebens-Räume
- Der Steckbrief
- Gegenstände
- Ein Würfelspiel mit Fotografien
- Der Lebensbaum

Was ist Biografiearbeit?

Glücklicherweise gibt es auch in privaten Kontexten, also außerhalb von Bildungs- und Seniorenarbeit immer noch alte Menschen, die erzählen – über sich, über ihre Geschichte, und welche Gedanken sie sich heute über alles machen. Was unterscheidet nun dieses private Erzählen von Biografiearbeit? Biografiearbeit ist strukturiertes, angeleitetes Erinnern. Biografiearbeit schafft Anlässe zum Erzählen, wo sie sich vielleicht in privaten Kontexten nicht mehr ergeben. Biografiearbeit hat viele Gesichter. Man kann erzählen, schreiben, malen, Szenen und Sketche entstehen lassen, Collagen und „Skulpturen" schaffen ... Die am häufigsten angewandten Formen sind das biografische Erzählen und Schreiben. Mit diesen beiden Formen befassen wir uns hier. Was sind die wesentlichen Elemente?

Begegnung mit sich und anderen

Kahil Gibran sagt: „Erinnerung ist eine Form der Begegnung". Dieser Satz trifft für uns das Wesen von Biografiearbeit. Biografiearbeit bedeutet Begegnung mit sich selbst und Begegnung mit anderen.

Wer sich an das eigene Leben erinnert, begegnet sich selbst. Er befasst sich mit der eigenen Geschichte, begreift, warum er geworden ist, was er ist. Biografiearbeit ist die Suche nach dem roten Faden im eigenen Leben. Sie ist Selbstvergewisserung und Arbeit an der eigenen Identität. Rückschau und Selbstvergewisserung können helfen, sich und das eigene Leben anzunehmen – mit dem Schönen, aber auch mit dem Schmerzhaften und mit nicht erfüllten Träumen, die ja oft so viel mächtiger sind als das gelebte Leben selbst. Und wer sich und seine Geschichte verstanden hat, weiß, wer er heute ist und was morgen zu tun ist. Daher hat Biografiearbeit nicht nur mit der Vergangenheit zu tun, sie hat Gegenwart und Zukunft immer auch im Blick.

Biografiearbeit bedeutet aber auch, dass man seine Erinnerungen anderen mitteilt und – im Fall einer Gruppe – den Geschichten anderer zuhört. In Biografie-Gruppen entsteht in der Regel schneller als in anderen Gruppen eine offene und vertraute Atmosphäre. Die Teilnehmenden lernen einander sehr schnell und sehr persönlich kennen, es entstehen Beziehungen. Erzählen braucht ein Gegenüber. Es tut gut, sich zu erinnern, wenn jemand anders zuhört, mitfühlt und interessiert nachfragt. Und häufig stellt man dann fest, dass andere ja ganz ähnliche Erinnerungen haben, dass wir alle Kinder unserer Zeit sind ...

Erinnerungen sind subjektiv

Natürlich erfahren wir auch immer wieder, dass Menschen dieselben Ereignisse vollkommen unterschiedlich erlebt haben. Erinnerung ist keine objektive Wahrheit. Wir sprechen von Biografie*arbeit* oder Erinnerungs*arbeit*, weil Erinnern ein Prozess ist, ein Stück innerer Verarbeitung. Erinnerung ist eine eigene subjektive Wirklichkeit. Sie ist ein Teil unserer Identität und verdient Achtung und Aufmerksamkeit. Hubert Klingenberger beschreibt diesen Prozess in fünf Schritten: Ereignis – Erleben – Erfahrung – Erinnerung – Erzählen. Es kann also bei biografischen Erzählungen nicht darum gehen, „wie es wirklich war". Erinnerungen dürfen kontrovers sein, sie leben vom Dialog, und genau das macht sie so interessant.

Die biografische Grundhaltung

Die Achtung vor der inneren Wahrheit einer ehrlich erzählten Geschichte gehört zu den Grundprinzipien der Biografiearbeit. Die Grundhaltung von Biografiearbeit beruht auf Behutsamkeit und Wertschätzung zusammen mit ehrlichem Interesse am Gegenüber. Menschen, die über sich erzählen, zeigen sich und ihre Gefühle, sie machen sich verletzbar. Deshalb benötigen sie den Schutz der Leitung. Wer sich sicher fühlt, kann auch bedeutsame Erinnerungen mitteilen. Das wird aber nur geschehen, wenn Gefühle und Inhalte nicht „wegdiskutiert" werden („ da hast du dich aber zu sehr aufgeregt", „das hättest du anders machen sollen"), sondern wahrgenommen und akzeptiert werden („das war sicher schwer für dich", „was hat dein Mann daraufhin getan?"

Wer von sich erzählt oder über sich schreibt, bestimmt selbst die Tiefe, bestimmt, wie viel er erzählt, und wie viel er verschweigt. Wir werden manchmal gefragt, ob unsere Biografiearbeit auch therapeutische Arbeit ist. Sie ist es nicht, auch wenn sie manchmal heilsame Wirkung hat. Am Punkt der Tiefensteuerung kann man den Unterschied gut beschreiben: Natürlich hat ein guter Therapeut auch

Achtung vor der Autonomie des Klienten. Aber er wird behutsam weiter fragen und den Klienten langsam tiefer führen. Das tun wir nicht. Wer nicht erzählen möchte, kann schweigen. Wer von sich erzählt, erzählt so viel er will, wir fragen aber nicht tiefer. Wir geben Themenvorschläge, schlagen Methoden vor und schaffen Anlässe zum Erzählen. Wir moderieren, sorgen für eine gute Atmosphäre und einen behutsamen Umgang miteinander.

Natürlich werden auch oft schwere und schmerzhafte Ereignisse erzählt oder aufgeschrieben. Natürlich gibt es auch Tränen. Meistens erleben wir aber, dass wir als Leiterinnen oder die Gruppe vor diesen Tränen mehr erschrecken als der oder die Betreffende selber. Er oder sie hat diese Geschichte ja in sich und ist manchmal einfach nur erleichtert, sie mal loswerden zu können. Und häufig kann schon allein die wohlwollende Atmosphäre in der Gruppe vieles auffangen. Allerdings ist es wichtig, einen Blick zu haben für unbewältigte Erlebnisse, die vielleicht einer Therapie bedürfen. Dann kann ein persönliches Gespräch vielleicht zu einer Therapie ermutigen.

Wir erleben es auch immer wieder, dass sich Menschen an bestimmte Ereignisse oder eine Zeit ihres Lebens nicht erinnern können oder nur gerade in dem Maß, wie es für sie erträglich ist. Hier sind Behutsamkeit und Achtung vor den Grenzen des Gegenübers wichtig. Allerdings haben wir auch schon erlebt, dass Menschen in unsere Biografie-Seminare kamen, um durch die Erzählungen der anderen eigene Erinnerungen wiederzufinden. Besonders bei zeitgeschichtlichen Themen, die ja auch immer kollektive Erfahrungen ansprechen, ist das schon öfter geglückt.

Thematische Zugänge

In unserer Arbeit unterscheiden wir zeitgeschichtliche Themen, Familiengeschichte und Themen, die sich auf rein individuelle Lebensgeschichte beziehen. Diese Themen werden sich in der Praxis natürlich oft vermischen. Wir sollten uns aber klar darüber sein, was unser Ausgangspunkt ist. Es macht einen Unterschied, ob man sich mit seinen persönlichen Erlebnissen in den Kontext der gesellschaftlichen, politischen und kulturellen Entwicklung seines Landes stellt und vielleicht erlebt, wie sehr man auch Kind seiner Zeit ist, oder ob man diesen Aspekt außen vor lässt, und es allein um ganz individuelle Lebensgeschichte geht, die dann auch nebenbei und eher zufällig zeitgeschichtliches Cholorit enthält. Jeder Focus hat seine Berechtigung, und es gibt – wie so oft – kein „richtig“ oder „falsch“. Es geht darum, was für den Einzelnen oder die Gruppe in diesem Moment das Richtige ist.

Zeitgeschichtliche Themen und Zeitzeugenarbeit

Wir sprechen von Biografiearbeit mit zeitgeschichtlichen Themen und von Zeitzeugenarbeit. Beide unterscheiden sich voneinander. Erinnerungsarbeit mit zeitgeschichtlichen Themen bedeutet, es wird in der Gruppe erzählt, und dort bleibt das Erzählte auch. Werden Texte geschrieben, werden einige TeilnehmerInnen diese vielleicht für ihre Kinder oder Enkel verfassen. Das ist deren private Entscheidung. Zeitzeugenarbeit dagegen bedeutet, dass Menschen ihre Erinnerungen anderen zur Verfügung stellen, etwa in Schulen, Erzählcafés, Frauengruppen, bei MigrantInnen und anderem. Damit begeben sie sich in eine öffentliche Rolle. Das erfordert besondere Bedingungen: Die Erlebnisse sollten so weit als möglich verarbeitet und reflektiert sein. Es muss klar sein, was für wen mit welcher Zielsetzung wie erzählt oder vorgelesen wird. Das heißt, die Perspektive und das Interesse der Zuhörer bzw. Gesprächspartner kommen mit in den Blick.

Zeitzeugenarbeit praktizieren wir seit mehreren Jahren im Zeitschreiber-Projekt (mehr darüber im dritten Kapitel). Wir empfinden die Arbeit an biografischen Texten als hervorragende Vorbereitung und Bearbeitung von Erinnerungen. Gleichzeitig ist uns die Vorbereitung auf das Gegenüber und die Vorbereitung mit unseren Gastgebern wichtig geworden. Wenn dann beispielsweise Alt und Jung einander ehrliches Interesse entgegen bringen, entstehen oft intensive Begegnungen und interessante Lehrstunden für alle Beteiligten. Wir möchten Sie zu dieser Arbeit ermutigen. Warum sollte nicht das Ergebnis einer Arbeit etwa über die Nachkriegszeit die Begegnung mit einer Schulklasse im Geschichtsunterricht sein? Unsere Erfahrung ist, dass Jugendliche sehr interessiert nachfragen, sobald klar wird, dass die Älteren nicht mit einer belehrenden Grundhaltung, sondern mit Interesse an ihrem Gegenüber kommen.

Jeder Mensch ist im Grunde Zeitzeuge. Das heißt, er kann Zeugnis ablegen von einer bestimmten geschichtlichen Epoche, von politischen, gesellschaftlichen und kulturellen Ereignissen, die alle betrafen und in unterschiedlicher Weise prägten. Ältere Menschen sind besondere Zeitzeugen, weil sie über einen reichhaltigen Schatz solcher Erfahrungen verfügen. Der Begriff „Zeitzeuge" bezieht sich dabei nicht nur auf Menschen, die Kriegsjahre und Holocaust erlebt haben – auch wenn das ein besonders wichtiger Teil von Zeitzeugenarbeit ist. Wer die Wirtschaftswunderzeit oder die 68er erlebt hat, ist ebenso Zeuge dieser Zeit – auf seine ganz persönliche Weise, aus seiner subjektiven Perspektive, mit seinen konkreten Erinnerungen. Wir, Jahrgang 1961, 1962 und 1970 (?), lernen gerade aus den kleinteiligen Einzelerzählungen Unschätzbares über unser Land, über die Generation unserer Eltern und Großeltern. Nichts davon könnten wir aus Geschichtsbüchern lernen. Daher freuen wir uns auch über Einrichtungen wie das Deutsche Tagebucharchiv. Dort werden biografische Aufzeichnungen archiviert – ein unschätzbarer Wert für die Zukunft (Deutsches Tagebucharchiv, Marktplatz 1, 79312 Emmendingen, Tel 07641 / 574659, Fax 97641 / 931928, e-mail dta@tagebucharchiv.de, www.tagebucharchiv.de). Auch einige TeilnehmerInnen unserer biografischen Schreibseminare haben Texte dort hingeschickt.

Egal ob Sie in einer Gruppe mit zeitgeschichtlichen Themen arbeiten oder Zeitzeugenarbeit betreiben, hier stellt sich immer besonders die Frage nach der historischen Wahrheit. Können wir denn alles glauben, was uns ältere Menschen erzählen? War das wirklich so? Ja, für die Erzählenden war es wirklich so. Wir haben kein Recht, jemandem seine Erinnerungen auszureden. Aber wir müssen uns im Klaren sein, dass es sich nicht immer um historische Fakten handelt. Es kann im Lauf der Jahre zu Veränderungen in der Erinnerung kommen. Erinnerung ist ein Produkt von Verarbeitungsprozessen. Das wissen unsere TeilnehmerInnen. Zeitzeugenarbeit ersetzt nicht historischen Faktenwissen. Aber sie hilft uns zu verstehen, was diese Fakten für einzelne Menschen und für ganze Generationen bedeutet haben. Und an diesem Punkt beginnt oft ein anderes Verstehen der Geschichte unseres Landes.

Der Historiker Arnold Russoff beschreibt den Unterschied so: „Eine Autobiografie ... gleicht dem, was uns ein Hase erzählen würde, sollte er beschreiben, wie er aussieht, wenn er durch eine Wiese hoppelt. Woher sollte er das schließlich wissen? Wenn wir dagegen etwas über die Wiese erfahren wollen, könnte uns niemand bessere Auskunft geben als dieser Hase – solange wir uns darüber klar sind, dass dabei all jene Dinge fehlen werden, die der Hase aus seiner Position unmöglich beobachten konnte." (In: Arthur Golden, Geisha, S.7) Der Historiker kann nicht wissen, wie die grüne Wiese aus der Sicht des Hasen aussieht. Die Frage ist, wofür wir uns in diesem Moment interessieren: für die Sicht derer, die historische Ereignisse erlebt haben, oder für die Sicht des Historikers. Beide zusammen ergeben das vollständigste Bild.

Zeitgeschichtliche Erfahrungen sind meist kollektive Erfahrungen, die Generationen miteinander teilen. Für die Erzählenden ist es oft auch entlastend zu erfahren, dass andere ganz ähnliche Erlebnisse hatten, dass alle ja auch Kind ihrer Zeit sind. Manchmal sind Erinnerungen aber auch kontrovers. Auch das kann reizvoll sein. Erinnerungsarbeit lebt vom Dialog, wichtig ist nur die gegenseitige Achtung vor der Perspektive des anderen.

Familiengeschichte

Auch Erlebnisse mit Familienangehörigen oder in der Familie tradierte Geschichten über sie sind ein lohnendes Thema. Schließlich liegen in der Familie die eigenen Wurzeln – ob man will oder nicht. Die Auseinandersetzung mit Familienangehörigen, mit Eigenheiten der Familie, mit Tabus oder zum Beispiel tradierten Leitsätzen kann dazu führen, dass man besser versteht, warum man selbst diese und jene Eigenschaften hat. Sich in der Tradition vieler Generationen einzuordnen gibt manchen Menschen Sicherheit und Geborgenheit, auch wenn sich dazu nicht jede Familiengeschichte eignet. Für viele Menschen haben die Großeltern oder ein Großelternteil eine besonders prägende Bedeutung. Fotos sind ein schöner Ausgangspunkt für Geschichten über verschiedene Familienangehörige. Wir haben auch schon wundervolle Stammbäume gezeichnet. Diese kann man zum Beispiel als eine Art Inhaltverzeichnis einer Geschichtensammlung über verschiedene Familienmitglieder voranstellen. Auch sie kann man wiederum mit Fotos bestücken. Für Ältere Menschen, die für ihre Enkel schreiben, ein zauberhafter Zugang, der zugleich eine klare Gliederungsmöglichkeit beinhaltet.

Individuelle Geschichte

Viele Menschen gehen auch in Biografie-Seminare oder schreiben Texte, um sich mit sich selbst auseinanderzusetzen. Sie möchten sich mit anderen Menschen austauschen, sie suchen ZuhörerInnen und wollen sich besser kennen lernen. Die Arbeit an individuellen Themen dient allein der Identitätsarbeit und der Selbstvergewisserung. Es ist uns wichtig geworden, am Beginn unserer Seminare die Motivation der Teilnehmenden kennen zu lernen, um mit unseren Methoden und Themen auf ihre Bedürfnisse eingehen zu können. Wer als Zeitzeuge auftreten möchte, wird weniger Interesse daran haben, sich mit seinen Wurzeln und seinen Früchten auseinanderzusetzen (siehe Methode „Der Lebensbaum“), als jemand, der nach dem roten Faden in seinem Leben sucht. Identitätsarbeit gehört zu den Aufgaben des Alters. Wer nicht mit sich selbst im Reinen ist, kann wenig von seinen im Leben entwickelten Früchten weiter geben. Den roten Faden im eigenen Leben zu erkennen hat für viele auch eine spirituelle Dimension: Es bedeutet, sich einzuordnen in ein größeres Ganzes, den eigenen Platz im Universum zu erahnen. Und biografische Kompetenz bedeutet auch, sich auf das Eigene zu besinnen, sich der eigenen Werte bewusst zu sein und den Lebensweg sehr bewusst weiter zu gehen.

In den Beschreibungen unserer Methoden orientieren wir uns an der hier dargestellten Unterscheidung thematischer Zugänge. Wie schon gesagt, es ist eine analytische Unterscheidung, in der Realität wird sich manches mischen. Aber wir haben gute Erfahrungen gemacht mit der grundsätzlichen Entscheidung für eine bestimmte Zielrichtung – in der dann wiederum Offenheit für alles herrscht. Themenverfehlungen durch die TeilnehmerInnen gibt es ohnehin nicht. Richtig ist, was ihnen einfällt zu dem Thema, das wir vorschlagen. Wenn ihnen nichts einfällt, war unser Thema nicht gut oder wir haben es nicht plastisch und konkret genug dargestellt. Aber auch zu der Frage, wie man Themen so anleitet, dass sie „Kino im Kopf“ hervorrufen, erhalten Sie in diesem Buch viele Hinweise ...

Sabine Sautter

Erlebte Zeitgeschichte

Brainstroming und erzählen

Sie benötigen ein Flip-Chart oder ein großes, an der Wand aufgehängtes Packpapier zum Beschreiben und dicke Filzstifte.

Die Gruppe einigt sich auf ein bestimmtes Jahrzehnt als Thema. Zunächst werden nach Art eines Brainstormings auf Zuruf Stichworte gesammelt, die Politik (z.B. Wiedereinführung der Bundeswehr), Kultur (Marilyn Monroe) sowie Zeitgeist und Alltagsleben betreffen (Isetta, Pettycoat, die erste Waschmaschine...). Die Leiterin achtet darauf, dass verschiedene Bereiche angesprochen werden. Sie oder ein Gruppenmitglied schreibt die genannten Begriffe auf dem großen Papier für alle lesbar mit. An dieser Stelle werden nur Stichworte gesammelt, die weder diskutiert noch durch längere Erzählungen erläutert werden. Das kommt später. Allmählich entsteht das Bild eines Jahrzehnts. Bei manchen TeilnehmerInnen sind bei den ersten beiden Worten gleich viele Erinnerungen präsent, andere brauchen etwas Anlaufzeit, haben manches nicht miterlebt oder können sich nicht an alles erinnern. Daher sollten genügend Begriffe gesammelt werden, dass alle etwas finden können, an das sie sich erinnern.

Jede/r sucht sich nun einen der aufgeschriebenen Begriffe, zu dem er/sie eine persönliche Erinnerung erzählt. LeiterIn und Gruppe fragen nach und helfen zu konkretisieren, wenn sie noch kein inneres Bild von der Erzählung bekommen („Kino im Kopf"). Oft ist es auch hilfreich, nach der Bedeutung zu fragen, die ein bestimmtes Ereignis für den Erzähler oder die Erzählerin hatte.

Manchmal erfordert es etwas Disziplin, einen Moment bei dem zu bleiben, was gerade erzählt wurde, beim Erzähler nachzufragen, zu vertiefen und nicht sofort zur nächsten Erinnerung überzugehen, die das Gesagte vielleicht bei einer anderen Teilnehmerin auslöst. Diese wird sich gedulden und ist vielleicht dankbar, wenn ihr selbst später die ganze Aufmerksamkeit der Gruppe gehört.

Wenn Sie mit einer größeren Gruppe arbeiten, können Sie bei dieser Methode gut Kleingruppen bilden und auch zu verschiedenen Jahrzehnten arbeiten. Am Schluss besuchen sich die Gruppen gegenseitig, lesen die beschriebenen Blätter und tauschen sich aus über die Ergebnisse ihres Gesprächs.

Zeitzeugenarbeit

Auf die Erinnerungsarbeit an einem Jahrzehnt mit einer Seniorengruppe könnte als zweiter Schritt die Begegnung mit einer Schulklasse im Geschichtsunterricht folgen. In diesem Fall legen Sie das Jahrzehnt oder die Zeit gemeinsam mit dem Lehrer oder der Lehrerin fest. Sie können das Thema auch weiter eingrenzen (z.B. „Das Wirtschaftswunder"). Nachdem Sie wie oben beschrieben ein Brainstorming zu den 50er Jahren oder auch beispielsweise nur zum Thema „Wirtschaftswunder" gemacht haben, erarbeiten Sie mit Ihrer Gruppe nun das Thema genauer, eventuell ziehen Sie auch kleine journalistische Texte hinzu, und die TeilnehmerInnen bringen Bilder mit, die sie aus dieser Zeit besitzen. Gleichzeitig bereitet der Lehrer oder die Lehrerin mit der Klasse das Thema vor, das heißt, er oder sie vermittelt geschichtliches Wissen und formuliert mit der Klasse Fragen an die Gäste. Bei der Begegnung empfehlen wir, dass mehrere SeniorInnen (3 bis 4) vor die Klasse treten. Zu viele machen die Sache unübersichtlich, aber wir erleben, wie wichtig die durchaus unterschiedlichen Sichtweisen und Erlebnisse der Einzelnen sind. Daran wird deutlich, dass Erfahrungen subjektiv sind und dass es auch bei erlebter Geschichte keine objektive Wahrheit gibt.

Es kann helfen, vorher Erwartungen und Befürchtungen auf beiden Seiten zu klären. Schüler sind meistens zu fesseln durch ehrliche persönliche Geschichten, sie wollen aber – mit Recht – nicht von oben herab belehrt werden. Umgekehrt haben auch SeniorInnen berechtigte Ängste vor Ablehnung und Desinteresse. Beide Befürchtungen erweisen sich oft als unbegründet. Wir selbst haben sehr gute Erfahrungen gemacht mit Begegnungen von alten und jungen Menschen. Vor allem, weil unsere TeilnehmerInnen oft sehr interessiert sind an der Sichtweise der jungen Menschen. Mehr dazu finden Sie in unserem Bericht über das Zeitschreiber-Projekt.

Hier ist ein Beispiel einer Stichwortsammlung, wie sie in einem unserer Seminare entstanden ist:

Die 50er – Jahre

Als Beispiel sehen Sie hier eine Stichwortsammlung über die 50er Jahre, die wir gemeinsam mit einer Gruppe zusammen gestellt haben. Sie kann natürlich noch beliebig ergänzt werden.

Plattenspieler, Telefon
Kühlschrank, Waschmaschine, Staubsauger
Badezimmer
Isetta, Heinckel-Roller, Vespa, VW Käfer
Plastik, Beton
Düsenflugzeuge, Sputnik
Schluckimpfung
Großraumbüros
31.01.1950 Aufhebung der Rationalisierung von Lebensmitteln
Wirtschaftswunder, Ludwig Erhard
Fresswelle, Reisewelle
Deutschland Fußball Weltmeister, „Wir sind wieder wer"
Bauboom, „Baulöwen"
Kaufhäuser, Supermärkte, Rabattmarken
17.06.1953 Aufstand in Ost-Berlin
1955 Bundeswehr, Wiederbewaffnung, 1956 allgemeine Wehrpflicht
1955 Eintritt der BRD in die NATO
Gleichberechtigung von Mann und Frau per Gesetz: Aufhebung des Alleinentscheidungsrechtes des Mannes in der Ehe, Frauen dürfen in die Ehe eingebrachtes Vermögen selbst verwalten
Mc Carthy-Ära
Che Guevara, Fidel Castro
Suez-Krise, Sowjetische Invasion in Ungarn, Chruschtschow
Apartheid, Mau-Mau-Aufstand in Kenia
Entwicklung der Atombombe und erste Tests, Wasserstoffbombe
Vietnam-Krieg, Ho Chi Minh
Jazz, Bigbands, Rock 'n Roll, Twist
Musikbox
Marlon Brando, Halbstarke
Teenager erstmals als eigene Generation mit eigener Kultur

Kinopaläste, Marilyn Monroe, Gina Lolobrigida, James Dean
Brigitte Bardot, Hildegard Knef, Sissi
Frisuren mit Tolle
Nylonstrümpfe, Pettycoat
Coco Chanel
Bikini, Hula Hoop, Badetag, Urlaub
Marika Kilius und Hans-Jürgen Bäumler (1959 Europameister im Eiskunstlauf)
3 „K"s: Kinder, Küche, Kirche

Sabine Sautter

Talkshow

Diese Methode haben wir erfunden für ein Biografie-Seminar mit TeilnehmerInnen aus Bayern und Thüringen. Als Thema wählten wir „Frauen und Männer bei der Arbeit", also die Frage nach ost- und westspezifischen Berufsbiografien von Frauen und Männern. Die Methode ist aber auch auf viele andere Themen anwendbar. Besonders interessant ist sie, wenn verschiedene Gruppen gebildet werden können, zum Beispiel Frauen und Männer, Jüngere und Ältere, Einheimische und „Zugereiste" und andere mehr.

Das Thema erarbeiten

Zunächst werden Kleingruppen von vier bis fünf Personen gebildet, die der gleichen Gruppe angehören. Das hieße also beispielsweise Senioren in eine Gruppe, Jüngere in eine andere. In unserem Fall waren es vier Gruppen (Frauen Ost, Frauen West, Männer Ost, Männer West). Diese Kleingruppen bekommen nun erst einmal etwa eine halbe Stunde Zeit, um sich über das Thema auszutauschen – etwa beim Thema Beruf: Wie kam es zu Ihrer Berufswahl? Was waren Ihre beruflichen Wünsche und Träume? Was waren prägende Erfahrungen? Wie war das Verhältnis zu Vorgesetzten und Kollegen? Bei diesem Thema müssen wir immer wieder betonen, dass auch Hausfrau ein Beruf ist. Wenn Sie mit Älteren und Jüngeren arbeiten, eignen sich beispielsweise Fragen nach Schulerfahrungen.

Fragen formulieren

In einem zweiten Schritt formulieren die Kleingruppen gemeinsam Fragen, die sie der jeweils anderen Gruppe stellen möchten. Jede Kleingruppe bestimmt einen „Talkmaster", also eine Person, die die Fragen später an eine andere Gruppe vorträgt. Eventuell kann eine zweite Person als Beobachter bestimmt werden. Ihre Aufgabe ist es, das Gespräch zu beobachten und im Anschluss an verschiedenen Punkten nochmals nachzufragen oder weiterführende Fragen zu stellen. Wenn diese Rolle nicht zur Gruppe passt, kann auch ein Talkmaster-Team gebildet werden. Für die Formulierung der Fragen und das Bestimmen der Rollen geben wir nochmals 20 Minuten.

Die Talkshow

Nach einer kleinen Pause treffen sich nun alle wieder im Plenum und die Talkshow beginnt. Dazu sitzen die gerade nicht aktiven Kleingruppen sozusagen als Publikum im Halbkreis, die andere Hälfte des Kreises lässt Platz für die erste zu befragende Kleingruppe sowie Talkmaster und Berater. Der Talkmaster stellt nun die Fragen, aus der Kleingruppe antwortet, wer möchte. Daran schließen sich weiter führende Fragen des Beobachters an. Auf diese Weise werden alle Kleingruppen nacheinander befragt. Alle Teilnehmenden befinden sich also zu einem früheren oder späteren Zeitpunkt in der Rolle der Befragten und können erzählen. Wir geben pro Kleingruppe etwa 20 Minuten Interview-Zeit.

Auswertung

Wenn alle Kleingruppen interviewt wurden, kommen alle nochmals im Kreis zusammen und werten die Talkshow aus. Dazu dienen Fragen wie: Was haben wir voneinander erfahren? Welche Frage an uns selbst hat uns erstaunt, nachdenklich gemacht? Was ist für die Einzelnen das Ergebnis dieser Runde? Bei unserer Talkshow mit Männern und Frauen aus Ost und West stellten wir fest, dass es immer noch starke Klischees über das Leben auf beiden Seiten der nun längst gefallenen Mauer gab – und dass es wohltuend ist, diese zu korrigieren

Sabine Sautter

Spiele

Es gibt mehrere Brettspiele, die in den letzten Jahren speziell für das biografische Arbeiten entwickelt worden sind. Einige von ihnen lassen sich auch sehr gut variieren und im Hinblick auf die Bedürfnisse der eigenen Gruppe überarbeiten. Zwei möchten wir Ihnen an dieser Stelle vorstellen. Für SeniorenarbeiterInnen aus München: Sie können sie auch bei uns ausleihen.

Lebensreise

ist ein Generationenspiel für 2-8 Spieler
Hrsg: Katholische Landesarbeitsgemeinschaft für Erwachsenenbildung in Rheinland-Pfalz e.V. Mainz, Rudolf Günther Verlag, Trier

Vertellekes

Vertellekes bedeutet „Erzählen“ und ist ein Spiel vom Vincentz-Verlag Hannover. Ein einfacher Spielplan kann angepasst werden an die Interessen und Möglichkeiten der Teilnehmenden. Der Reihe nach würfeln die SpielerInnen Fragen aus. Wer die Frage gewürfelt hat antwortet zuerst, die anderen können eigene Erinnerungen beisteuern. Es gibt Fragen zu Kindheit und Erziehung, zu Partnerschaft und Arbeitsleben. Auch Fragen zur Gegenwart der SpielerInnen kommen vor. Rätselfragen, Zungenbrecher, „verhundste“ Sprichwörter und Liedanfänge, Wortschatzübungen und viel mehr lockern das lebensgeschichtliche Erzählen auf. Bei diesem Spiel geht's um den Spaß am Mitmachen. Gewinner oder Verlierer gibt es nicht.

Annette Arand

Lebens-Räume

Räume, besonders Wohnräume, prägen unser Leben von früher Kindheit an. Die Atmosphäre in der Küche, wenn die Mutter Weihnachtsplätzchen bäckt, ein glanzvolles Familienfest im Wohnzimmer, die sterile „gute Stube“, die nicht betreten werden durfte ... Wir alle haben Erinnerungen dieser Art – an Menschen Gerüche, Gefühle und Geschichten, die mit diesem Räumen verbunden sind. Schließlich verbringen wir einen großen Teil unseres Lebens in Häusern, egal ob gediegen oder ärmlich. In Wohnräumen geschieht Lebensgeschichte. Und Räume sind geprägt durch Zeitgeschichte. Man denke nur an die große Wohnküche eines Bauernhofes in den 50er Jahren oder an die engen, funktionalen Küchen der 70er.

Die hier beschriebene Methode befasst sich mit einzelnen Räumen und den Erinnerungen an sie. Sie eignet sich zu Erzählen, aber auch zum Schreiben.

An verschiedenen Ecken eines großen Raumes werden aufgebaut:

- Tische mit jeweils mehreren Sitzplätzen. Diese Tische symbolisieren die verschiedene Räume, z.B. Küche, Klassenzimmer, Wohnzimmer, Spielplatz, Badezimmer,
- Schilder mit dem Namen des jeweiligen Raumes,
- Verschiedene Gegenstände, die den Raum symbolisieren (für die Küche zum Beispiel Koch- und Backgeräte; für das Klassenzimmer Griffelkasten, Tafel, Tintenfass usw.),
- Ein Blatt mit Fragen zu jedem Raum.

Wenn Sie mit einer großen Gruppe von bis zu 20 Personen arbeiten, bauen Sie im Raum so viele Stationen auf, dass sich Kleingruppen von etwa vier bis fünf Personen bilden können. Um jeden der Tische stehen entsprechend viele Stühle. Die Gruppe teilt sich in gleich große Kleingruppen auf die Stationen auf. Eine kleinere Gruppe teilt sich ebenfalls in jeweils etwa vier bis fünf Personen auf, es müssen nicht alle Stationen gleich besetzt sein. Alle Gruppenmitglieder erzählen über den jeweiligen Raum und dazugehörige Erinnerungen, die Gruppe fragt nach. Nach einer angemessenen Erzählphase (etwa 20 Minuten) wechseln die Kleingruppen im Uhrzeigersinn die Station. Das tatsächliche Wechseln eines Platzes hat oft eine wichtige

Funktion: die TeilnehmerInnen verlassen symbolisch zum Beispiel die Küche und betreten einen neuen Raum. Das erleichtert es, eine aufgekommene Erinnerung für den Moment loszulassen und einer neuen Platz zu machen.

Bei der Einführung empfiehlt es sich, die verschiedenen Stationen zunächst kurz vorzustellen, über die Räume zu sprechen und die Fragen, die an den Stationen ausliegen, aufzuwerfen. Während Sie als Leiterin sprechen, kann es sein, dass bei vielen TeilnehmerInnen bereits die ersten Erinnerungen in Bewegung geraten. („... Die nächste Station ist die Küche. An die Küche erinnern sich sicher viele von Ihnen ... daran, wie es dort roch ... welche Möbel dort standen ... was für ein Licht und was für eine Atmosphäre dort war ... und welche Menschen sich dort aufgehalten haben ... und was dort alles getan wurde ... und vielleicht erinnern Sie sich auch an Geschichten, die sich dort zugetragen haben ...")

Das ausliegende Blatt soll helfen, nochmals die Fragen der Leiterin ins Gedächtnis zu rufen und die Erinnerung anzuregen. Sie müssen aber nicht beantwortet werden, wenn den Erzählenden anderes wichtiger erscheint. Meist genügt es auch schon, eine der Fragen herauszugreifen. Die Auswahl der Räume und der Fragen hängt wesentlich von der Lebensphase ab, nach der Sie fragen. Hier finden Sie als Beispiel die Fragen, mit denen wir uns in einem Seminar auf die Kindheit bezogen haben:

Küche

Bitte beschreiben Sie die Küche Ihres Elternhauses und ihre Atmosphäre: Möbel, Farben, Licht, Einrichtung, Gerüche, Geräusche ...).
- Welche Bedeutung hatte die Küche in Ihrer Familie? Wer hielt sich dort auf? Was wurde dort getan?
- An welche Geschichten oder Ereignisse, die sich dort abgespielt haben, erinnern Sie sich?

Klassenzimmer

Bitte beschreiben Sie Ihr Klassenzimmer.
- Welche Atmosphäre hatte es?
- Welche LehrerInnen und SchulkameradInnen waren für Sie wichtig?
- Gibt es eine Geschichte aus Ihrer Schulzeit, die Sie nie vergessen werden?

– Was waren für Sie die Freuden und Schrecken der Schule?

Variante für kleine Gruppen und kleine Räume

Als wir einmal in einem etwas beengten Seminarraum mit einer kleineren Gruppe arbeiteten und keine Stationen aufbauen konnten, haben wir für das Thema Lebens-Räume eine andere Variante erfunden: Wir gingen von Station zu Station nicht im Raum, sondern mit Spielfiguren auf dem Papier. Ein Bogen Flip Chart-Papier diente als Spielfeld. Darauf zeichneten wir an verschiedenen Stellen die jeweiligen Räume ein, oder besser Symbole für die Räume: einen Teddybären für den Spielort, ein Sofa für das Wohnzimmer, ein Nudelholz und einen Kochlöffel für die Küche, Speick-Seife und Handtuch für das Bad. Die vier von uns gewählten Räume wurden doppelt aufgezeichnet, sodass sich acht Stationen ergaben. Diese verbanden wir alle miteinander mit Linien. Das Ganze muss kein Kunstwerk sein, eine „handgestrickte“ Variante genügt vollkommen, und es steckt auch keine ausgeklügelte Logik dahinter.

Die TeilnehmerInnen erhalten nun alle eine Spielfigur, dazu benötigen Sie noch einen Würfel, und schon kann's losgehen. Der oder die erste setzt seine Figur an einer beliebigen Stelle ein, würfelt und fährt mit der Figur über so viele Raum-Stationen, wie die Augen des Würfels anzeigen. Die Richtung ist egal – es ist vollkommen okay, wenn jemand in die Richtung des Raumes fährt, von der er erzählen will. Kommt jemand zum wiederholten Mal auf den Raum, zu dem er schon erzählt hat, würfelt er einfach noch mal.

Sie sehen, es geht nicht um verzwickte Spielregeln. Es geht wie immer um Anregungen zum Erinnern und Erzählen. Und die Spielfiguren haben einen Vorteil: Es ist sehr offensichtlich, wer gerade dran ist mit Erzählen. TeilnehmerInnen mit großem Erzähldrang tun sich leichter zu warten, bis sie selbst den Würfel in der Hand haben. Und eher zurückhaltende Menschen erzählen vielleicht leichter ohne das Gefühl zu haben, sie spielen sich in den Vordergrund.

Übrigens: Manche alten Menschen haben Probleme, die oft sehr kleinen Spielfiguren zu greifen. In verschiedenen Farben bemalte Sektkorken erfüllen denselben Zweck.

Sabine Sautter

Der Steckbrief

Zum ersten Kennenlernen einer Gruppe verwenden wir gelegentlich den Steckbrief. Er ist vor allem dann geeignet, wenn es nicht allzu tief gehen oder am Anfang nicht gleich allzu persönlich werden soll.

Die Teilnehmenden werden gebeten, ein Bild aus ihrer Jugend oder dem jungen Erwachsenenalter mitzubringen. Es sollte sie in einer Situation zeigen, über die sie erzählen möchten. Im Seminar bekommen alle einen „Steckbrief" als Vordruck in die Hand. Sie füllen die Fragen aus und kleben ihr Bild mit Grafik-Kleber auf das Blatt. Mit diesem Kleber kann das Bild mühelos wieder abgenommen werden, Kleberreste auf der Rückseite wertvoller Erinnerungsbilder können einfach abgerubbelt werden. Nun stellen sich alle Teilnehmenden nacheinander mit ihren Steckbriefen vor, das heißt, sie zeigen den Steckbrief mit Bild und erzählen, was auf dem Blatt meist stichwortartig oder sehr kurz vermerkt ist. Wer zu Ende erzählt hat, hängt seinen Steckbrief an eine bereit stehende Pinnwand, sodass am Schluss alle Gruppenmitglieder mit einem Blatt vertreten sind. Die Pinnwand bleibt bis zum Ende des Seminars deutlich sichtbar im Raum, sie hält alle Anwesenden also präsent. In den Pausen des Seminars sahen wir immer wieder TeilnehmerInnen vor den Steckbriefen stehen, die sich nochmals ins Gedächtnis riefen, wer was über sich gesagt hatte, und diese Informationen mit neuen Eindrücken über diejenigen verbanden.

Hier ist ein Beispiel für einen möglichen Steckbrief. Je nach Themenstellung der Biografie-Runde können die Fragen natürlich beliebig variiert werden.

Sabine Sautter

„Steckbrief“

Name ....

Das Foto wurde aufgenommen im Jahr .....

Ich habe damals in ....gelebt.

Zur Situation, in der das Foto entstanden ist

....

....

....

Aufgewachsen bin ich in ....

Jetzt lebe ich in ....

Mein (ehemaliger) Beruf

....

Eine besondere Eigenart von mir

. ...

....

Worüber ich hier besonders gerne erzählen würde

....

....

....

Gegenstände

Gegenstände als Trigger, also als Auslöser für Erinnerungen sind bekannt und werden in verschiedenen Formen und Varianten verwendet. Wir möchten Ihnen drei Methoden mit Gegenständen vorstellen, mit denen wir gern arbeiten.

Der Biografiekoffer

Der Biografie-Koffer enthält von der Leiterin ausgesuchte Gegenstände. Man kann jedes beliebige Köfferchen dazu verwenden, es muss nicht groß sein. Am schönsten ist es natürlich, wenn es alt ist oder wenigstens alt aussieht. Auf Flohmärkten wird man sicher fündig, sowohl für den Koffer als auch für seinen Inhalt. Der Koffer enthält verschiedene alte Gegenstände, die die TeilnehmerInnen an ihre Vergangenheit erinnern könnten. Unser Köfferchen enthält zum Beispiel einen alten, verzierten Silberlöffel, eine Erbswurst, Lindes-Kaffee (gibt's noch in der Verpackung wie in den 50ern im Supermarkt), eine Handspielpuppe, einen Teigroller aus Holz und Porzellan, ein Päckchen Soda, eine kleine Schiefertafel und einen Griffelkasten, eine Flasche Kölnisch Wasser, ein Stück Speick-Seife (gibt's auch heute noch) und anderes mehr. Bei der Auswahl der Gegenstände haben wir darauf geachtet, dass sie aus verschiedenen Lebensbereichen stammen, also etwas mit Küche, Spielen, Schule, Waschen, Wandern ... zu tun haben.

Die nun folgende Methode eignet sich besonders gut zum Kennenlernen. Die Leiterin hat den geschlossenen Koffer bei Beginn des Seminars in den Raum gestellt, und dieser hat schon einige neugierige Blicke geerntet. Nun öffnet die Leiterin das Köfferchen und breitet die Gegenstände langsam in der Mitte aus. Jeden Gegenstand hält sie hoch, damit ihn alle sehen können, benennt ihn und legt ihn dann in die Mitte, am besten auf ein einfarbiges Tuch. Auf diese Weise haben die TeilnehmerInnen schon etwas Zeit, die Gegenstände in Ruhe zu betrachten und den Erinnerungen in ihrem Kopf Raum zu geben. Dann werden die Teilnehmenden aufgefordert, sich alle Gegenstände in Ruhe anzusehen und sich – im Kopf – für einen zu entscheiden, den sie mit einer persönlichen Erinnerung verbinden. Sie werden gebeten, die Gegenstände noch in der Mitte zu belassen, denn es kann ja sein, dass mehrere Personen den gleichen Gegenstand wählen möchten.

Nun beginnt die erste, nimmt den gewählten Gegenstand aus der Mitte in die Hand, zeigt ihn nochmals der Gruppe und erzählt, warum sie diesen Gegenstand gewählt hat, und welche Erinnerungen sie damit verbindet. Bei einer Anfangsrunde sagt sie natürlich zunächst ihren Namen. Wenn sie geendet hat, legt sie den Gegenstand wieder in die Mitte. Dann nimmt die nächste „ihren“ Gegenstand auf und so weiter. Wenn mehrere TeilnehmerInnen sich für den selben Gegenstand entscheiden, ist es oft spannend, wie unterschiedliche Geschichten dazu erzählt werden.

Solche stark strukturierten Methoden helfen oft, die unterschiedlichen Erzählzeiten von TeilnehmerInnen etwas auszugleichen. Sichtbare und greifbare Gegenstände haben für eher schüchterne Menschen einen größeren Aufforderungscharakter zum Erzählen als eine rein verbale Einladung. Dagegen werden sehr erzählfreudige Menschen manchmal etwas gebremst, wenn sie ihre Erzählzeit spüren durch den Gegenstand, den sie in der Hand halten. Der Zeitaufwand ist unterschiedlich, je nachdem, wann man die Methode einsetzt. Unserer Erfahrung nach wird in einer vertrauten Gruppe mehr und länger erzählt, wenn man die Methode in einer Anfangssituation einsetzt, eher kürzer. Als Vorstellungsrunde verwendet, rechnen wir etwa zwei bis drei Minuten pro Person, in der Mitte eines Seminars entsprechend länger.

Ein Wegbegleiter

Hier besorgt nicht die Leiterin die Erinnerungsgegenstände, sondern wir bitten die TeilnehmerInnen, selbst beim nächsten Treffen einen Gegenstand mitzubringen, mit dem sie eine persönliche Geschichte verbindet. Alle erzählen dann nacheinander. Wer zu Ende erzählt hat, legt seinen Gegenstand für alle sichtbar in die Mitte, die am besten mit einem einfarbigen Tuch vorbereitet ist. Wenn niemand mehr etwas in der Hand hat, ist oft in der Mitte ein „Gesamtkunstwerk“ aus symbolisierten Lebensgeschichten entstanden – ein auf der Flucht geretteter Silberlöffel, das Gesellenstück einer ehemaligen Glasgraveurin, ein Kerzenständer, den der eigene Sohn als Kind gebastelt hat ... und das Bild, das wir von den TeilnehmerInnen haben, hat wieder etwas deutlichere Konturen bekommen.

Pettycoat und Nierentisch

Hier geht es um Dinge, die viele Menschen besessen oder sich gewünscht haben. Gegenstände, die eine Zeit symbolisieren wie etwa der berühmte Nierentisch die 50er Jahre. Das heißt, es geht um kollektive Erfahrungen, die meist von einer Generation geteilt werden, und damit auch um ein Stück Zeitgeschichte. Es geht um Gegenstände, die Kult waren, Status oder ein bestimmtes Lebensgefühl vermittelten und Zeitgeist widerspiegeln. Viele Frauen, die in den 50er Jahren jung waren, haben beispielsweise einen Pettycoat besessen oder sich einen gewünscht. An ihm hingen Erfahrungen wie Ausgehen, der erste Verehrer, Musik und Tanzen. Der erste Fernseher zu Beginn der 60er Jahre hat Familien verändert, man traf sich mit Nachbarn zu einer bestimmte Serie oder, wer keinen Fernseher hatte, sammelte sich mit vielen anderen vor Schaufenstern bei Fussball-Länderspielen. Für die in den 70er Jahren Jungen waren es Dinge wie das Indienkleid oder der erste Plattenspieler.

Viele dieser Dinge kann man nicht sammeln und sie ins Seminar mitbringen, zum Beispiel Radio und Waschmaschine. Als Anstoß für Erinnerungen müssen wir in diesem Fall also anders vorgehen. Entweder wir einigen uns mit den TeilnehmerInnen auf einen Zeitraum, beispielsweise die 50er Jahre und sammeln Ideen am Flip Chart. Das funktioniert dann wie bei „Erlebte Zeitgeschichte", nur dass wir uns auf Gegenstände beschränken, die für viele von Bedeutung waren. Oder wir bringen Bilder mit. Man kann im Lauf der Zeit eine große Sammlung an Artikeln aus Zeitschriften zusammentragen, Ausstellungskataloge erwerben und anderes. Auch Bücher aus der Stadtbücherei sind oft ein großer Fundus. Die Bilder und Bücher werde dann im Raum verteilt, die TeilnehmerInnen laufen herum und sehen sich alles in Ruhe an. In der Regel entstehen dann auch erste Bemerkungen „ach ja, das habe ich auch gehabt ...".

Egal ob Begriffe-Sammlung am Flip-Chart oder „Bilder-Galerie", wichtig ist, dass es eine Auswahl an Anstößen gibt. Dann entscheiden sich die TeilnehmerInnen für einen Gegenstand, der für sie eine bestimmte Bedeutung hatte, mit dem sie eine bestimmte Geschichte verbinden, und erzählen dazu.

Werden viele Geschichten zu ein und demselben Gegenstand erzählt, kann es auch interessant sein, zum Abschluss nochmals eine

Gesprächsrunde über das Lebensgefühl der beschriebenen Zeit anzuschließen, über Bedeutung und Symbolwert des Gegenstandes.

Sabine Sautter

Ein Würfelspiel mit Fotografien

Vorbereitung

Mit dickem Filzstift wird auf einen Bogen Packpapier oder auf Flip-Chart-Papier ein Spielplan aufgemalt mit vielen gekreuzten Linien. Aus diesen Kreuzungen werden Punkte als Stationen aufgemalt. Jeder MitspielerIn hat eine Spielfigur und ein bis drei Fotos, ein Würfel.

„Hausaufgabe“ war, in alten Alben zu blättern und drei Fotos auszusuchen, auf denen man selbst zu sehen ist, je eines aus drei vorgegebenen Lebensphasen (z.B. Kindheit, Jugend, heute).

Spielregeln

Die Bilder werden auf den Stationen des Spielfeldes nach Gutdünken verteilt, am besten verkehrt herum, damit sie anschließend nacheinander aufgedeckt werden können. Es wird reihum gewürfelt. Jeder Mitspieler zieht seine Figur über so viele Felder wie er Augen gewürfelt hat. Auf wessen Bild die Figur zu stehen kommt, der erzählt zu seinem Bild. Kommt ein Figur auf einem Punkt ohne Foto zu stehen, wird neu gewürfelt. Die Mitspielenden stellen Fragen zum Foto, bringen aber keine eigenen Erinnerungen ins Spiel. Wird zu lange erzählt, hilft eine Eieruhr, die Erzählzeit zu begrenzen.

Das fiel beim Spielen auf

Die biografische Arbeit beginnt schon zu Hause mit dem Aussuchen. Meist hatten sich die TeilnehmerInnen schon lange nicht mehr mit ihren alten Fotos befasst. Sie kamen mit Bildern und vielen wachgerufenen Erinnerungen und waren sehr motiviert. Es war daher wichtig, dass jede/r auch zum Erzählen kam und alle Bilder vorstellen konnte. Daher ist es besser, die Erzählzeit jedes/r Einzelnen von vornherein zu beschränken, als das Spiel vor seinem Ende abzubrechen, weil es zu lange dauert.

Die Spielgruppen müssen klein sein (am besten nicht mehr als vier Personen), da das Zuhören mit dem notwendigen Springen von Person zu Person in immer wieder neue Lebensabschnitte sonst sehr verwirrend wird. Besser also viele Kleingruppen.

Bei wenigen MitspielerInnen und wenigen Fotos ist es eher möglich, dass die Zuhörenden eigene Erinnerungen beisteuern („Als ich 14 Jahre alt war, war das bei mir aber ganz anders ...")

Fazit

Das Spiel ist leicht durchführbar, auch in Kleingruppen an Einzeltischen. Es kann dann aber sinnvoll sein, jeweils eine/n SpielleiterIn zu benennen, der/die auf die Zeit achtet. Der Aufforderungscharakter der Bilder zum Erzählen ist groß, das Erzählen leicht und lebendig. Es bleibt meist an den Tatsachen, am Geschehen und erreicht nicht so leicht eine tiefere Bedeutungsebene. Daher eignet es sich gut für Anfangs-Phasen zum Kennenlernen.

Variante

Statt mit mitgebrachten Fotos kann man auch mit nur erinnerten Fotos arbeiten. Das ist eine gute Alternative. Die Erzählenden konzentrieren sich dann von vornherein auf das, was ihnen an diesem Bild wichtig ist. Es ist auch praktisch, wenn es keine Möglichkeit gab, die TeilnehmerInnen vorab um das Mitbringen von Fotos zu bitten.

Zum Verlauf: Vor Spielbeginn ruft sich jede/r Fotos in Erinnerung und notiert jeweils ein Stichwort dazu als Erinnerungsstütze auf dem Spielplan.

Petra Dahlemann / Anne Münchmeier

Der Lebensbaum

Vorbereitung

Auf zwei nebeneinander hängende etwa zwei Meter hohe Bahnen Packpapier werden mit dickem Filzstift die Umrisse eines kräftigen, gedrungenen Baumes gezeichnet.

Für alle Teilnehmenden liegt ein Blatt mit den nebenstehenden Leitfragen bereit, oder diese Fragen werden für alle sichtbar nacheinander auf ein Blatt am Flip-Chart geschrieben.

Aus buntem Papier wurden vorher Symbole geschnitten: Wurzeln, Rindenteile, Früchte, Blätter und Knospen, pro Person mindestens jeweils 3 Stück.

Jede Person bekommt einen dicken Filzschreiber.

Verlauf

Nach einführenden Worten über den Baum als Symbol des Lebens werden nacheinander die einzelnen Symbole eingeführt: Die Wurzeln stehen für die Kraft, die wir uns holen, was uns hält und trägt: Jede/r schreibt auf je ein Symbol je einen Gedanken, woher sie/er die Kraft holt (z.B.: Elternhaus, Glaube, Natur). Nacheinander folgen die anderen Symbole. Zum Schluss (oder nach jedem Einzelschritt) werden die Symbole eingesammelt, vorgelesen und auf den Baum aufgeklebt.

Am Ende ist daraus ein großer, dicker, und bunter Baum geworden, als Bild für die ganze Gruppe. Die Leiterin kommentiert inhaltliche Häufungen und formuliert eine gemeinsame Gesamtaussage.

Variante

Dauert die Erarbeitung des gesamten Baumes zu lange, bearbeitet jede/r die Fragen für sich allein auf einem Zettel (siehe nächste Seite). Gemeinsam wird nur ein Symbol angeklebt, beispielsweise die Knospen für die weitere Entwicklung jedes Einzelnen in der Zukunft.

Mögliche Schwierigkeiten

Der Einstieg in die Übung fällt nicht allen leicht. Gerade Frauen sind es nicht gewohnt, eigene Erfolge auszusprechen. Die Erinnerung an ungelebte Träume kann schmerzhaft sein.

Wenn in die Übung nicht sorgfältig eingeführt wurde, können in der Ruhe der Einzelarbeit Fragen auftauchen, die die anderen TeilnehmerInnen in ihrer Besinnung stören.

Anmerkung

Diese Übung eignet sich gut für das Thema „Sinn im Leben finden“. Sie zeigt symbolisch, wie unser eigenes Leben im Sinnzusammenhang steht mit dem Leben anderer Menschen um uns herum. Und sie hilft zu der Erkenntnis, dass die Frage nach dem Sinn zwar jeder nur für sich selbst beantworten kann, dass das Gespräch mit anderen aber hilfreich sein kann, um auf eigene „blinde Flecken“ aufmerksam zu werden.

Annette Arand / Anne Münchmeier

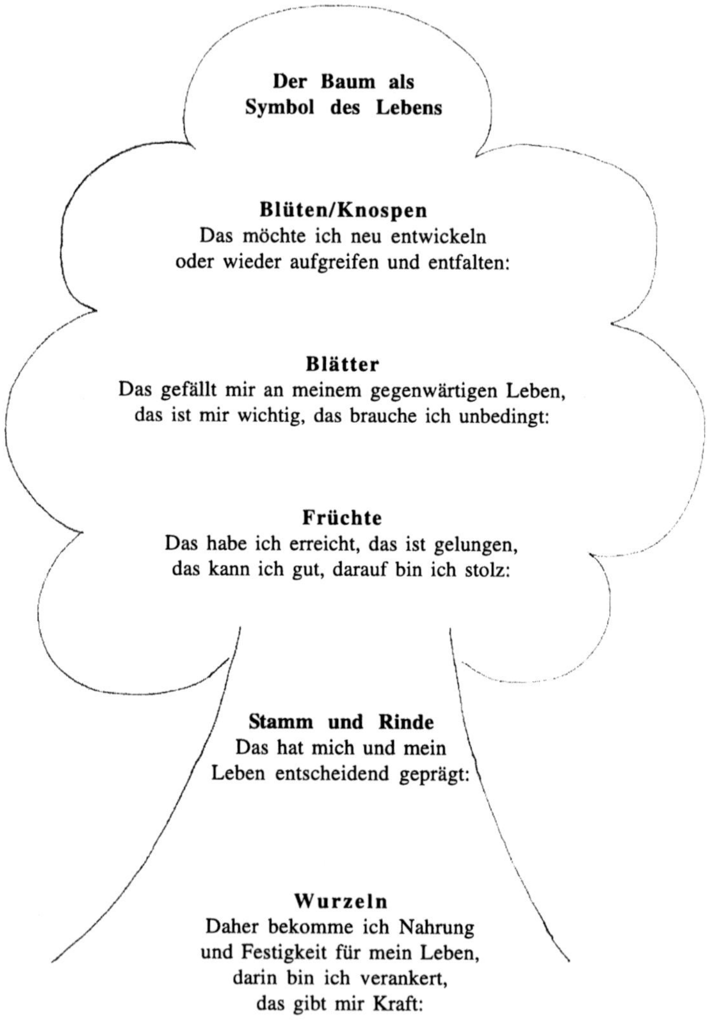
Der Baum als Symbol des Lebens
Blüten/Knospen
Das möchte ich neu entwickeln oder wieder aufgreifen und entfalten:
Blätter
Das gefällt mir an meinem gegenwärtigen Leben, das ist mir wichtig, das brauche ich unbedingt:
Früchte
Das habe ich erreicht, das ist gelungen, das kann ich gut, darauf bin ich stolz:
Stamm und Rinde
Das hat mich und mein Leben entscheidend geprägt:
Wurzeln
Daher bekomme ich Nahrung und Festigkeit für mein Leben, darin bin ich verankert, das gibt mir Kraft:

Erinnerungspflege mit Hochbetagten

Grundlagen

- Erinnerungspflege – Biographisches Arbeiten mit Hochbetagten

Hintergrund

- Erinnerungspflege in der Gruppe

Methoden

- Biografische Methoden in der Erinnerungspflege

Erinnerungspflege – Biografisches Arbeiten mit Hochbetagten

Erinnerungspflege ist ein Begriff aus der Arbeit mit Hochbetagten, also mit Menschen, die 85 Jahre und älter sind. Viele – aber längst nicht alle – Angehörigen dieser Altersgruppe sind auf Unterstützung durch andere Menschen angewiesen. Bei Pflegebedürftigkeit denken die meisten sofort an körperliche Pflege. Im Begriff Erinnerungspflege kommt zum Ausdruck, dass auch Erinnerung stetiger Aufmerksamkeit, eben Pflege bedarf.

Sicher gibt es sehr alte Menschen, denen ihre Erinnerungen ohne Hilfe von außen verfügbar sind, die ihre Erinnerung selbst pflegen. Eine Anekdote mag das verdeutlichen: Ein Arzt sprach einmal eine bettlägerige Heimbewohnerin an, die den ganzen Tag gegen die weiße, bilderlose Wand ihres Zimmers schaute. „Wie wäre es, wenn Sie sich einen Fernseher anschafften? Nur an die Wand zu starren macht doch auf die Dauer trübsinnig!“ Die alte Dame antwortete bescheiden: „Oh nein Herr Doktor. Einen Fernseher brauche ich nicht. Schauen Sie: Auf der weißen Wand dort drüben läuft der Film meines Lebens ab. Das ist viel spannender als Fernsehen.“

Leider berichten andere Hochbetagte, dass ihre Erinnerung in Stücke zerfällt. Der Zusammenhang geht verloren, manches scheint vergessen. Anderes drängt sich in den Vordergrund und beherrscht die Erinnerung. Die Wahrnehmungsfähigkeit von Hochbetagten ist oft reduziert, ebenso die Konzentrationsfähigkeit. Wer aber schwer hört, schwer sieht, wessen Finger taub sind, dem fehlen Anknüpfungspunkte für Erinnerungen, die junge Menschen mit intakter Wahrnehmung aus ihrer Umwelt und dem Kontakt mit anderen Menschen beziehen. Die eigene Erinnerung wird nicht mehr zum Schwingen gebracht, sie verklingt ...

Erinnerungspflege versucht, Erinnerung wieder zum Klingen zu bringen, sie kann

- *Hochbetagte aus dem Verständnis der eigenen Vergangenheit heraus zur „Selbst“-bewussten Gestaltung von Gegenwart und Zukunft befähigen.* Hochbetagte haben häufig Schicksalsschläge in dichter Folge hinnehmen müssen. Der Tod von Angehörigen und Freunden, der Verlust der vertrauten Umgebung durch einen Umzug in ein Heim oder zu0, pflegenden Angehörigen, der Verlust der körperlichen Stärke, der Gesundheit – all dies kann Hochaltrige so frustrieren, dass sie an einer gestaltbaren Gegenwart und Zukunft zweifeln. Ohne Gegenwarts- und Zukunftsbezug scheint das Leben an Sinnhaftigkeit verlieren. Der Kontakt zum gelebten Leben, zum eigenen Gewordensein kann helfen, sich in der Gegenwart neu zurechtzufinden und die Zukunft, so klein sie scheinen mag, im Bewusstsein eigener Erfahrungen, Werte, Überzeugungen, Wünsche zu gestalten.

– *Selbstbewusstsein, Selbstwertgefühl und Selbstachtung stärken*
  Gerade sehr alte Frauen sind dazu erzogen worden, bescheiden zu sein, sich nicht eigener Leistungen und Erfolge zu rühmen. Einzig legitim scheint der Stolz auf die eigenen Kinder, deren Erziehung und Ausbildung zu sein, ehrenrührig dagegen das Bewusstsein eigener Begabungen und Fähigkeiten. Diese in Erinnerung zu rufen, weckt nach anfänglichem Unbehagen Stolz und Selbstbewusstsein – ein Zugewinn der besonders wichtig wird vor dem Hintergrund der Verluste, die hochbetagte Menschen häufig erleiden müssen (s.o.).
– *zu echten Beziehungen beitragen*
  „Vor allem ist es (das Erzählen) das große überragende Mittel gegen Einsamkeit. Wer eine Geschichte zu erzählen hat, ist ebenso wenig einsam wie der, der einer Geschichte zuhört. Und solange es noch irgend jemand gibt, der Geschichten hören will, hat es Sinn so zu leben, dass man eine zu erzählen hat." Damit trifft Sten Nadolny einen weiteren wichtigen Aspekt der Erinnerungsarbeit. Hochbetagte haben viele ihrer Freunde und Angehörigen, mit denen sie gemeinsame Erinnerungen teilten überlebt. Beim Aufbau neuer Kontakte hilft es, aus der eigenen Vergangenheit zu erzählen und auf diese Weise Erinnerung zu teilen.
– *Konzentrationsfähigkeit und sprachliche Ausdrucksmöglichkeiten verbessern*
  Was in jungen Jahren selbstverständlich erscheint, kann im Alter zum Problem werden. Worte fehlen, der Gesprächsfaden reißt immer wieder. Da fällt es schwer Erinnerungen auszudrücken. Ein Zuhörer mit Geduld, Aufmerksamkeit und Gespür kann eine große Hilfe sein. Und durch regelmäßiges Erzählen können verlorengeglaubte Fähigkeiten auch reaktiviert werden.

- *zu emotionalem Wohlbefinden beitragen*
  Bei dementiell erkrankten (verwirrten) Menschen wird besonders deutlich, dass Erinnerung aus einer sachlichen Komponente (der „Geschichte“) und einer emotionalen Komponente (dem dahinterstehenden Gefühl) bestehen. Aber auch beim gesunden Menschen sind Erinnerungen mit Gefühlen verbunden. Das erklärt den Reiz des Sich-Erinnerns, die Lust am „Schwelgen in alten Erinnerungen“. Der Erzählende erinnert sich an vergangene Gefühle und Stimmungen, sowohl angenehmer, wie unangenehmer Art. Belastungen können dabei durch das Aussprechen und Besprechen mit anderen gemindert werden, angenehme Erinnerungen können die Stimmungslage, das Selbstwertgefühl und die Bewertung des Lebens im Ganzen verbessern. Auch auf den Zuhörenden haben biographische Erzählungen vielfach emotionale Wirkungen. Man kann sich an ähnliche Situationen des eigenen Lebens erinnert fühlen oder durch das Erleben von Offenheit bei anderen Mut bekommen, sich selbst zu öffnen und ein Zugehörigkeitsgefühl für eine Gruppe zu entwickeln.
- *zu einem Gleichgewicht von Geben und Nehmen zwischen Hochbetagten und ihren BetreuerInnen beitragen*
  Niemand möchte nur Hilfeempfänger sein, immer nur nehmen. Und Gebende müssen auch Nehmen, um nicht auszubrennen. Ein Gleichgewicht zwischen Geben und Nehmen ist ein zutiefst menschliches Bedürfnis. Im lebensgeschichtlichen Erzählen erleben Hochbetagte und ihre BetreuerInnen häufig ein Gleichgewicht im Geben und Nehmen, was die Zufriedenheit von beiden fördert.

Annette Arand

Erinnerungspflege in der Gruppe

Mit Hochbetagten kann man selbstverständlich auch biographische Einzelgespräche führen. Wenn die Erinnerung bruchstückhaft ist und Sprach- und Konzentrationsfähigkeit eingeschränkt sind, sind solche Gespräche aber für beide Beteiligten sehr anstrengend. Die Erfahrung zeigt, dass in einer kleinen Gruppe die Erinnerungen viel eher sprudeln. Da ergibt eins das andere, und jede/r hat zwischendurch genug Zeit, sich auszuruhen. Gerade in Altenheimen und Tagesstätten lassen sich solche Gruppen ohne viel Aufwand initiieren.

Rahmenbedingungen

Der Raum sollte ruhig sein, eine gute Akustik haben (nicht hallen), gut belüftbar sein und so eingerichtet, dass sich die TeilnehmerInnen dort wohl fühlen. Bewährt hat sich ein wohnlicher Raum, der einer „guten Stube“ ähnelt. Einrichtungsgegenstände, Tischwäsche und Geschirr aus der Zeit der hochbetagten Menschen machen den Einstieg in lebensgeschichtliches Erzählen leicht. Zur Entspannung der TeilnehmerInnen trägt es bei, wenn die Runde mit Kaffee und Kuchen eingeläutet wird. Das lebensgeschichtliche Gespräch sollte nicht länger als eine Stunde dauern, um die Konzentrationsfähigkeit nicht zu überfordern. Geeignete Zeiten sind der späte Vormittag oder die Zeit nach der Mittagsruhe.

Gruppe

Eine Gruppe hochbetagter Menschen, die sich unterhalten wollen, sollte nicht größer als 6 Personen sein und am besten um einen kleinen runden oder ovalen Tisch herum sitzen. Auf diese Weise sitzen die GruppenteilnehmerInnnen nah genug beieinander, um sich gegenseitig trotz eventueller Seh- und Hörschwächen noch wahrnehmen zu können. Kleiner als drei Personen sollte die Gruppe nicht sein, weil sonst das Gespräch mühsam werden kann. Wenn die GruppenteilnehmerInnen sich gegenseitig akzeptieren, trägt eine „fitte“ Gruppe auch ein paar schwächere TeilnehmerInnen.

Leitung

Um eine Gruppe, die Erinnerungen austauscht, zu leiten, muss man nicht unbedingt eine ausgebildete Fachkraft sein. Auch als Laie mit Interesse an Biographiearbeit und dem nötigen Feingefühl können Sie eine solche Gruppe aufbauen und leiten – in Absprache und mit Unterstützung der hauptamtlichen MitarbeiterInnen einer Heimes oder einer Tagesstätte.
Die Aufgabe der GruppenleiterIn ist es, für die nötigen Rahmenbedingungen zu sorgen und interessierte TeilnehmerInnen zusammenzuführen. Die GruppenleiterIn wählt ein geeignetes Thema aus und steuert die Tiefe des Gesprächs. Als „ModeratorIn" sorgt sie dafür, dass jede TeilnehmerIn Anteil am Gespräch nehmen kann. Sie verknüpft die Gesprächbeiträge miteinander und fördert damit den Kontakt zwischen den Teilnehmenden, etwa so: „Frau Maier, Herr Berger hat gerade erzählt, dass er einen Schäferhund hatte. Der hieß Leika. Sie hatten doch auch einen Hund?!...". Sie unterstützt schwächere TeilnehmerInnen und bremst überbordende Erzähllust, wenn dies andere überfordert. Sie sorgt dafür, dass sich jede TeilnehmerIn in der Gruppe sicher und wohl fühlen kann. Manchmal agiert sie auch wie eine Übersetzerin, die einen Gesprächsbeitrag, der vielleicht zu leise, zu undeutlich, zu kompliziert oder in einem fremden Dialekt gesprochen wurde für die anderen verständlich wiederholt. Wichtig ist, dass die Gruppenleitung klar sagt, was mit den lebensgeschichtlichen Erzählungen geschieht, wer davon erfährt, was in der Gruppe bleibt.

Thema

Es gibt eine unerschöpfliche Anzahl an Themen, an die sich ein Gespräch anknüpfen lässt. Am besten Sie bringen einen „Gesprächsanker" mit, etwas zum Anschauen, zum Fühlen oder zum Hören (Musik oder einen Text), auf das sich die Aufmerksamkeit aller lenken lässt und über das Sie dann ein Gespräch beginnen.

Biografische Methoden in der Erinnerungspflege

Erinnerungsstücke

Als Anker für lebensgeschichtliche Erzählungen eignen sich Gegenstände aus der früheren Wohnumwelt und Arbeitsumgebung alter Menschen. Auf Flohmärkten und Dachböden finden sich viele geeignete Dinge, ein gusseisernes Bügeleisen, ein Paradekissen, Wäschebänder, Küchenutensilien usw. Sie können weitergegeben werden, damit jede TeilnehmerIn sie befühlen und genau ansehen kann. Dann sammelt die Gruppenleitung die Erinnerungen.

Natürlich können TeilnehmerInnen auch Erinnerungsstücke aus ihrem Besitz mitbringen.

Menschen, die ihre Wohnung verlassen und ein Zimmer in einem Altenheim beziehen, müssen ihren Besitz auf das reduzieren, was ihnen wirklich wichtig ist. Deshalb sind die Dinge im Zimmer von Altenheim-BewohnerInnnen oft wunderbare Anknüpfungspunkte für lebensgeschichtliches Erzählen.

Alltagstun

Auch mit Tätigkeiten oder Bewegungen können Erinnerungen und Gefühle verknüpft sein. Imitieren Sie einmal die Bewegung, ein Kind zu wiegen. Merken Sie was geschieht? Oder schippen Sie pantomimisch Schnee. Hören Sie das Kratzen der Schaufel auf dem gefrorenen Boden? Riechen Sie den Schnee?

Das Problem: Zu Hause lebende alte Menschen mit Bewegungseinschränkungen, vor allem aber BewohnerInnen von Altenheimen haben meist wenig Gelegenheit gewohnten Alltagstätigkeiten nachzugehen. Einkaufen, Kochen, Waschen, Bügeln, Putzen – all das wird von Angestellten des Heims erledigt. Und Männer vermissen ihre Werkstatt, ihre Firma, ihre Kontoauszüge...

Mit Phantasie lässt sich der Alltag ein Stück weit ins Wohnzimmer oder in das Heim holen. Anbieten kann man einfache Haushaltstätigkeiten, wie Tisch decken, Silber putzen, Staub wischen, Möbelpolitur auftragen (Welches Mittel wurde früher verwendet?), Wäsche zusammennehmen, Servietten falten. Beliebt ist auch das gemeinsame Nachkochen von Lieblingsrezepten der BewohnerInnen mit anschließendem Festmahl. Eine alte Nähmaschine weckt Erinnerungen, ob man nun selber näht oder nur zuschaut. Auch der berufliche Alltag lässt sich ein Stück weit ins Wohnzimmer transportieren: Lassen Sie sich davon erzählen. Wie bei „Was bin ich“ können Sie sich typische Handbewegungen zeigen und erklären lassen. Ich kannte Heim-Bewohner, die eine „Büro-Ecke“ im Zimmer hatten, wo sie Schreibarbeiten erledigten oder Zeitung lasen. Ein anderer Bewohner half dem Hausmeister bei kleineren Schreinerarbeiten. Ein ehemaliger Kriminalkommissar unterhielt unsere Kaffeegesellschaft mit haarsträubenden Berichten aus seiner Zeit bei der Polizei. Eine HeimbewohnerIn, die früher als Sekretärin gearbeitet hatte, stempelte uns mit großer Hingabe „Fröhliche Weihnachten“ auf selbstgemachte Karten....

Sprüchesammlung

Viele alte Menschen wiederholen immer wieder für sie charakteristische Sprüche, Gedichte oder Lieder. Oft drücken diese ein bestimmtes Lebensgefühl, einen Wert, eine Überzeugung aus. Sprüche sind manchmal über Generationen tradiert. Oft haben sie ernsthafte Inhalte, humorvoll verpackt. Wenn die Sprachfähigkeit zurückgeht bleiben häufig diese Sprüche am längsten erhalten. Wer den charakteristischen Spruch eines alten Menschen kennt, wird von diesem als vertrauter Mensch erkannt. Sprüche, Lieder oder Gedichte können wie ein Schlüssel sein zu einem Menschen. Deshalb bietet es sich an, sie in einem kleinen Büchlein zu sammeln und ab und zu in der Gruppe vorzulesen – mit den Namen, derjenigen, für die sie typisch sind.

Spiel mit Begriffen

Vorbereitung

In gemütlicher Runde sammeln Sie zunächst mit den Teilnehmenden zu den vier Jahreszeiten typische

- Feste
- Blumen
- Bräuche
- Spezialitäten etc.

Schreiben Sie die gefundenen Begriffe auf Tonpapierstreifen und sammeln Sie alles in einer schönen Schachtel. Die Streifen verwenden Sie für weitere Gruppentreffen als Spielmaterial.

Spiel

Zum Spielen legen Sie die Streifen auf dem Tisch aus und lassen die TeilnehemrInnen reihum je einen Streifen ziehen. Wer gezogen hat liest seinen Begriff laut vor (oder lässt sich gegebenenfalls dabei helfen). Dann sammelt die Gruppe zu dem Begriff Erinnerungen und ordnet ihn einer Jahreszeit zu. Fällt der Gruppe nichts mehr ein, wird der nächste Streifen gezogen.

Erinnerungsbücher

Diese Methode eignet sich für Menschen, die an einer dementiellen Erkrankung leiden. Gemeinsam mit dem Menschen und seinen Angehörigen sammeln Sie Bilder, Postkarten, Fotos, die der alte Mensch mit Erinnerungen verbindet. In eine Erinnerungskiste passen auch kleine Gegenstände, die eine Bedeutung für diesen Menschen haben. Erinnerunggsbücher und -kisten kann man an regnerischen Tagen hervorholen und durchstöbern, sowohl in Einzelarbeit als auch – wenn derjeinige das möchte – in der Gruppe.

Biografische Informationen für Pflegekräfte

Um auf die Bedürfnisse der Pflegebedürftigen eingehen zu können benötigen Pflegekräfte biografische Hintergrundinformationen. Wenn der alte Mensch selbst keine Auskunft mehr geben kann, werden die Angehörigen gebeten, Auskunft zu geben. Erst da wird oft klar, wie wenig man doch voneinander wusste. Besser ist es schon in gesunden Tagen festzuhalten, was mir selbst oder meinen Angehörigen wichtig ist. Hilfreich sind neben der eigentlichen Lebensgeschichte (Eltern, Geschwister, Ehepartner, Freunde, Nachbarn, Orte, Beruf), vor allem Gewohnheiten, Vorlieben und Abneigungen, auch Werte und Überzeugungen. Umsicht ist geboten bei Informationen, die unkommentiert Ablehnung hervorrufen können (Vergehen im Dritten Reich, menschliche Verfehlungen ...). Die biografischen Informationen werden im so genannten „Stammblatt“ hinterlegt und sind von allen Pflegekräften der Einrichtung einsehbar.

Autobiographien

Manche Hochbetagten haben Freude daran, Ihr Leben zu dokumentieren. Wer nicht mehr selbst schreiben kann, kann Gespräche auf Kassette aufnehmen lassen. In wörtlicher Rede abgeschrieben, bieten solche Aufnahmen auch in schriftlicher Form einen authentischen Eindruck vom Erzählenden. Solche Biografien können mit Fotos illustriert werden. So werden richtige Kunstwerke daraus. Manche Menschen verschenken sie an Kinder und Enkel. Andere wollen sie nur für sich. Ich kenne auch jemanden, der alle seine Freunde und Angehörigen zu einer festlichen Lesung eingeladen hat und das Fest filmen ließ!

Literaturtipp: Altenheim-Materialordner

(gefördert vom Bayerischen Staatsministerium für Arbeit und Versorgung, Familie und Frauen)

Seit mehreren Jahren führt das EBW München in Kooperation mit dem katholischen Münchner Bildungswerk das Projekt „Freiwilliges Engagement im Altenheim" durch. Eine Gruppe von freiwilligen hat Material zusammengetragen, das sich in der Arbeit mit Hochaltrigen bewährt hat. In diesem Ordner finden Sie vielfältiges Material zum biografischen Arbeiten mit Hochbetagten. Er ist gegen eine Schutzgebühr von 10 Euro zu haben beim Evangelischen und Münchner Bildungswerk (die Bezugsadressen finden Sie am Schluss des Buches).

Annette Arand

Biografisches Schreiben

Grundlagen

- Wozu biografisches Schreiben?

Hintergrund

- Eine Schreibgruppe leiten

Methoden

- Orte meines Lebens
- Ein Mensch, der mich geprägt hat
- Schreibspiele

Planungshilfen

- Themen
- Textformen
- Sprachliche Tipps
- Texte in eine Ordnung bringen

Wozu biografisch arbeiten?

Schreiben in der Gruppe

Und wozu dann also mit der Gruppe schreiben – wenn das Erzählen doch so gut geht! Zumal, so denkt man, die meisten ungern schreiben, sich das nicht zutrauen usw. Es stimmt, dass zu Beginn die Schwelle etwas höher sein mag als beim Erzählen, aber wer es einmal probiert hat, bleibt gerne dabei – und zieht andere mit. Es ist nur wichtig, dass gleich zu Beginn klar wird: Wir sind hier nicht in der Schule. Niemand wird zu etwas gezwungen, das er nicht mag. Jeder kann die Form finden, die zu ihm passt, die Ausdrucksmöglichkeiten eines jeden werden geschätzt. In einem solchen Klima gegenseitiger Annahme sieht man schnell: Schreiben macht den Schreibenden Spaß und das Lesen von entstandenen Texten ist ein Geschenk für Hörende und Lesende gleichermaßen. Für die Strukturierung von Seminarstunden hat es gegenüber dem Erzählen große Vorteile.

Zunächst ist die Phase der Textentstehung eine gute Möglichkeit für die TeilnehmerInnen, sich alleine mit dem Thema auseinander zu setzen. Und der Text, so wie er dann entsteht, birgt oft auch für die Schreibenden selbst Überraschungen. Viele sagen: ES schrieb. So und nicht anders muss es gesagt werden. Es ist eine Phase, in der man geborgen mit dem eigenen Erinnern allein ist, sich nur um das eigene Verstehen bemüht, nicht um das der anderen. Im Schreibprozess erleben die Teilnehmenden: Das war. Und wer es schreibt, das bin ICH heute. Es ist ein behutsames sich den Erinnerungen überlassen – aber nicht ganz. Im Schreiben kann ich mich auch distanzieren, kommentieren, ironisieren. Ich werde nicht von der Erinnerung überwältigt. Ich erlebe mein Gestern und mein Heute, und dadurch entwickeln sich auch bedenkenswerte Aspekte dessen, was vor mir liegt. Der/die Schreibende erlebt sich schöpferisch bewältigend, kreativ, lebend. Etwas Schönes, Wirkungsvolles entsteht, das auch dann noch da sein wird, wenn er den Seminarraum verlassen wird. Der Text ist etwas Bleibendes gegenüber der Flüchtigkeit von Erzähltem. Viele beginnen nach solchen Seminarstunden, diese Texte auch einigen wichtigen Familienmitgliedern zu zeigen: Schau, so hab ich das erlebt. Und Du? – Mit zunehmendem Alter wird natürlich auch der Aspekt des Bewahrens von eigener oder Familiengeschichte immer wichtiger.

Wenn dann der Text im Plenum vorgelesen wird, wird das oft von den Anwesenden als echtes, auch sehr persönliches Geschenk an die Gruppe erfahren, über das man sich freut, dem man mit Spannung entgegen sieht. Für die Lesenden ist das natürlich sehr aufregend, viele haben Angst, nun nach normativen Kriterien beurteilt zu werden. Im mitfühlenden Zuhören, in der Besprechung der Texte wird die Erinnerung und die schöpferische Leistung des Schreibenden geehrt und beantwortet. Dass das so gefasste Vertrauen mit Aufmerksamkeit beantwortet wird, ist für die Schreibenden sehr wichtig und oft mit großen Glücksgefühlen verbunden.

Dadurch, dass man einen begrenzten Text vor sich hat und nicht einen Erzählfluss, ist diese Phase für die Seminarleitung zeitlich besser handhabbar. Viele kennen aus ihren Gruppen das große, manchmal nicht zu bremsende Bedürfnis Einzelner, von sich zu erzählen. Der/die Erzählende hat häufig ein anderes Zeitgefühl als die Zuhörenden, die nach einer Weile „abschalten", mit ihrer Körpersprache Unruhe oder Ärger ausdrücken, sich schließlich abwenden. In Schreibgruppen kann man schon bei der Wahl des Themas und der Textsorte (Schreibspiel? Fragment? Haiku?), ebenso bei der zeitlichen Vorgabe beim Schreiben, schließlich im Ablauf des Lesens (einzeln? im 3-er Pack?) als LeiterIn zeitlich steuern. Jede/r bekommt so ausreichend Raum und ungeteilte Aufmerksamkeit und Zuwendung der Gruppe. Dabei ist das geschrieben Erzählte auch für den Lesenden keineswegs weniger befriedigend als das gesprochene Wort, es bringt häufig das Erlebte und die damaligen Empfindungen präzise „auf den Punkt".

Viele empfinden das Vorlesen und Besprechen ihrer Texte als Befreiung. Es ist auch ein Loslassen, ein Distanz gewinnen von der Vergangenheit. Im Schreiben waren sie vielleicht noch ganz „drin" – jetzt liegt der Text vor ihnen, außerhalb ihrer, mit einem eigenen Leben. In dem sie das Erlebte sprachlich bearbeitet und geformt haben, konnte auch die innere Verarbeitung ein Stück voranschreiten. Manche erleben, dass sie sich beim Schreiben ehrlicher, „unverblümter", vielleicht authentischer äußern konnten als beim Erzählen. In dem Angebot verschiedener Textsorten, vor allem aber durch das Wahrnehmen und Hören der anderen Texte erweitern die TeilnehmerInnen ständig ihre eigenen Ausdrucksmöglichkeiten. So entdeckt man vielleicht durch andere eine Sprachidee, die man Monate später plötzlich bei einem eigenen Text, genau passend zum Thema verwenden kann.

Wenn Sie noch überlegen: Kann ich das Schreiben meiner Gruppe „zumuten"?, möchten wir Ihnen ganz im Vertrauen sagen: Ganz viele tun es schon! Sie wären überrascht, wie viele gerade ältere Menschen schon angefangene Bücher und Texte in der Schublade haben. Oft wurden ehrgeizige Anfänge gemacht, schriftliche Nachlässe zu ordnen, Briefe, Fotos, Familiengeschichten wurden notiert, eine eigene Biografie begonnen – und dann stockte die Arbeit, weil die Struktur nicht klar war oder weil man mutlos wurde angesichts der Fülle. Gerade hier kann eine Gruppe unterstützen, Anregungen und Rückmeldungen geben und aufs neue ermutigen zum Abenteuer Schreiben.

Über die Sprache

Die Sprache, die jemand spricht, ist Resultat schier unendlich vieler Einflüsse. Erst recht, was einer schreibt. Das wird in Form gebracht. Hier ein Komma, da ein Punkt. Mach den Satz zu Ende! Subjekt, Prädikat, Objekt. So sprach der Herr Oberlehrer (wenn man Pech hatte!). Inzwischen sind selbst Lehrer von der Schule sprachlich traumatisiert und erleben in Schreibwerkstätten ein für alle Seiten überraschendes Coming out! Aber im Ernst. Verinnerlichte Schulmerksätze produzieren selbst in hohem Alter noch die albernsten Schachtelsätze und Sprachmühsal. Hier gibt es „richtig". Hier gibt es „falsch".

Daneben das freie Feld der Literatur: Hier ist alles erlaubt: reine Kleinschreibung. Fragesätze, die mit Punkt enden. Und. Unvollständige Sätze. Sätze nur im Infinitiv. Erlaubt ist, was gefällt. Und was Wirkung hat – dem Text dient.

Und wir irgendwo dazwischen – suchend. „Die Grenze meiner Sprache sind die Grenzen meiner Welt" (Wittgenstein). Wie wahr. Jeder hat sein eigenes Sprachsystem, seinen eigenen Kosmos – jedem seine eigene Sprache, den ganz eigenen Ton. Den gilt es zunächst zu finden. Davon kann man ausgehen. Dialekt? Aber gerne! Direkte Zitate? Aber ja. Ausufernd, flanierend, mäandernd. Eine Sprache, die einen Schaufensterbummel macht. Oder kurz und knapp.

Zackig. Gerne, auch. Und im Lauschen auf diesen hier angeschlagenen Ton ahnen wir die Persönlichkeit, den Background aus dem jemand kommt, dürfen sozusagen Platz nehmen (vorübergehend) in einem fremden Hirn, hinter einem fremden Augenpaar und sehen die Welt – anders.

Aber bald, nach einigen Texten wird man merken: Nicht nur der oder die Schreibende hat einen eigenen Ton, nein, jeder Text verlangt seine eigene Sprache. Wie ein Kind, das geboren wird: Huch! Ein eigener Charakter. Die Augen von der Mama, ja, aber von wem das wilde Temperament?... So gilt es, behutsam und liebevoll, an diesem Text herumzutasten und zu fühlen: Was ist seine Natur? Was ist die Sprache, die zu ihm passt? Wie sollte die Form sein, die perfekt zu diesem Inhalt passt? Und dann aber streng und heiter gnadenlos: alles Überflüssige weg! Streichen! Kürzen!

Je länger man schreibt, um so größer wird das Spektrum. Die/der Schreibende lernt zu wählen: Erzählperspektiven (siehe dort), Zeitengebrauch bei den Verben, Wortarten, Satzlängen. So wählen wir, wie nah wir der erzählten Sache kommen wollen – intim oder distanziert? Und so wird es auch für den Lesenden sein. Auch gibt es eine Sprache, die verbergen kann und ihre Geheimnisse hütet – auch das wird manchmal gebraucht.

Nach Wittgenstein: Jede neue Schreibtechnik ist die Erweiterung meiner Welt. Ich wähle. Diese Freiheit macht was mit der/dem Schreibenden. Im Schreiben freier geworden, atmet man auch sonst leichter aus.

Und die Gruppe staunt: so viele, gänzlich verschiedene Naturen!
Akzeptiere ich meine Sprache, akzeptiere ich meine Weltsicht.
Erweitere ich meine Sprache, erweitere ich die Welt, die ich bin.

Petra Dahlemann

Eine Schreibgruppe leiten

Motivation der Teilnehmenden

Es lohnt sich, am Anfang eines Seminars oder einer Gruppenstunde einander die Zeit und die Aufmerksamkeit zu schenken und zu hören, warum jeder oder jede Einzelne schreiben möchte. Die Beweggründe der Teilnehmenden werden Auswirkungen auf den Seminarverlauf haben und erleichtern der/dem LeiterIn die Entscheidung, welche Methoden sie/er der Gruppe vorschlägt.

Menschen haben die unterschiedlichsten Beweggründe, ihre Erinnerungen aufzuschreiben. Manche tun es für sich, weil es ihnen gut tut. Weil sie sich dabei bewusster werden, wer sie sind, und wie es dazu kam. Wenn wir uns darüber klar sind, was wichtige Lebensstationen für uns waren, welche Erfahrungen und welche Menschen uns geprägt haben, dann ist uns vielleicht eher klar, was der „rote Faden“ in unserem Leben ist und was jetzt und in Zukunft wichtig für uns ist.

Manche Menschen wollen sich über das Erinnern mit ihrer Vergangenheit aussöhnen oder sich von ihr befreien. Wer für sich selbst schreibt, dessen Texte werden anderes erzählen, als beispielsweise die Texte einer Frau, die für ihre Kinder oder Enkel schreibt. Sie schreibt mit einer anderen Zielsetzung und Perspektive. Sie wird zum Beispiel Schulderfahrungen, oder was sie als „dunkle Punkte“ in ihrem Leben empfindet, eher aussparen. Vielleicht wurde sie von ihren Enkeln gebeten, ihre Geschichte aufzuschreiben, vielleicht möchte sie Dinge klarstellen oder vielleicht ist sie ein Glied in einer Kette schreibender Generationen.

Biografiearbeit, ob schreibend oder erzählend, ist immer Arbeit an der eigenen Identität. Und wer für andere schreibt, bietet auch ihnen ein Stück Identität an: Kinder oder Enkel, welche die Geschichte und Geschichten der Eltern und Großeltern kennen, sind in ihrer Familie oft viel verwurzelter als Menschen, die nichts über ihre Familie wissen. Die Familie mit ihrer Geschichte ist auch immer ein Teil der eigenen Wurzeln, egal, wie man zu ihr steht. Besonders für Kinder und Enkel ist aber die offene Haltung schreibender Großeltern wichtig, die erzählt, aber nicht belehrt.

Wer sich klar ist, warum er schreibt, dem wird es leichter von der Hand gehen. Je nach Zielrichtung wird ein Text auch eine entsprechende Form finden. Eine Erzählung über die letzten Kriegsjahre wird beispielsweise sehr unterschiedlich sein, je nachdem, ob sie als Familiengeschichte für die Enkel gedacht ist, als Erinnerung für sich selbst oder als Zeitzeugnis für eine Schulklasse.

Themenwahl

Die Wahl der Themen hängt vom Grad der Vertrautheit der Gruppe ab. Und davon, welches Ziel Sie und die Gruppe haben. Wir versuchen allerdings meistens, keine direkt schmerzlichen Themen zu stellen, sondern eher positiv ausgerichtete oder emotional neutrale Themen. Die schmerzlichen Erfahrungen, die heraus wollen, kommen ohnehin. Wenn bei einem Thema wie „Ein Anfang in meinem Leben" ein Text über eine schmerzvolle Erinnerung entsteht, dann ist das völlig in Ordnung. Aber es ist Entscheidung der Autorin, ihn in die Gruppe zu bringen, sie wurde nicht explizit nach leidvollen Erfahrungen gefragt.

Wichtig ist uns, dass die Themen, die wir vorschlagen, immer nur Anregungen sind. Was daraufhin im Kopf der Teilnehmenden passiert, geht oft ganz eigene Wege. Eine Teilnehmerin hat zum Beispiel auf unsere Aufforderung ein Bild von ihrer Konfirmation mitgebracht. Beim Betrachten des Bildes fällt ihr eine jüdische Schulkameradin ein, die zur Zeit der Konfirmation ihre beste Freundin war. Über diese schreibt sie einen Text. Als sie ihren Text vorlesen möchte, sagt sie: „Oh je, ich glaube, das ist eine Themenverfehlung. Es ging doch um die Konfirmation." Dann zitieren wir einen unserer Leitsätze: Es gibt keine Themenverfehlung. Nicht in unseren Seminaren. Das, was einem Menschen zu einem Impuls einfällt, ist jetzt gerade wichtig, und wir freuen uns, wenn es als Text in die Welt kommt. Es braucht oft mehrere Anläufe, um diese Grundhaltung bei allen TeilnehmerInnen zu verankern – zu sehr sind wir alle von der Schule geprägt, von Rastern, von richtig und falsch. Da ist es unser Anliegen, andere Lernerfahrungen zu ermöglichen.

Themen einleiten

Um ein neues Thema für Texte zu stellen, bearbeiten wir es oft erst einmal im Gespräch mit der Gruppe, beleuchten verschiedene Aspekte, visualisieren am Flip Chart oder mit Metaplan-Karten. Oder wir sprechen selbst länger darüber, leuchten verschiedene Details aus, geben Beispiele. Das hilft den Bildern im Kopf, in Bewegung zu kommen. Wenn wir etwa als Thema vorschlagen „Ein Anfang in meinem Leben ...“, dann kann es sein, dass manchen dazu nichts einfällt. Wenn wir aber Beispiele geben, was Anfänge sein können – der erste Schultag, der Berufsbeginn, das erste Kind, ein Umzug in ein anderes Land – wenn wir sagen, dass es Anfänge von Lebensphasen sein können, aber auch anderes – der Beginn einer Freundschaft, das erste Konzert, das der Beginn der Liebe zur Musik war – , dann kommen die Bilder in den Köpfen in Bewegung. Wenn es um Räume, Orte oder Landschaften geht, fragen wir auch die Sinne ab: Wie sieht die Landschaft deiner Kindheit aus, welche Farben gibt es, welche Formen, gibt es bestimmte Gerüche, ist es eher warm oder kalt, was kann man hören. Wir fordern unsere Teilnehmenden auf, ganz konkret zu schreiben, damit beim Hörer „Kino im Kopf“ entsteht.

Schreiben zu Hause und in der Gruppe

In fortlaufenden Schreibgruppen, die sich mehrmals treffen, geben wir zum Abschluss unseren TeilnehmerInnen ein Thema als Anregung mit. Manche sagen, dass diese „Hausaufgaben“ für sie wichtig sind, weil der thematische Anreiz und der Termin des nächsten Treffens sie zum Schreiben bringen, was sie vielleicht sonst nicht tun würden.

Die Texte, die sie zu Hause schreiben, sind in der Regel natürlich wesentlich durchdachter und ausgearbeiteter, als wenn wir in der Gruppe schreiben. Beides hat Vor- und Nachteile. In ganztägigen Seminaren schreiben wir Texte von einer bis zwei Seiten. Eine Viertelstunde oder maximal 20 Minuten genügen dafür. Auch wenn sich manche am Anfang etwas gehetzt fühlen – es ist immer wieder überraschend, was in solch kurzer Zeit alles entsteht. Und in der knappen Zeit ist klar, dass kein perfekter Text entstehen kann. Das senkt den Druck und das Gefühl, man müsse „etwas Tolles liefern“. Manche Texte werden nach dieser kurzen Schreibsequenz zu Hause weiter bearbeitet, manche sind nach dieser kurzen Zeit schon fertig und rund.

Egal, ob Sie in der Gruppe schreiben oder jeder für sich daheim. Die Länge der Texte sollte eineinhalb bis zwei Seiten nicht übersteigen. Erfahrungsgemäß kann man längeren Texten nur schwer zuhören und davon abgesehen, sollen ja alle Gruppenmitglieder Gelegenheit haben, ihre Texte vorzulesen.

Texte in der Gruppe vorlesen

In der Regel lesen alle TeilnehmerInnen ihre Texte vor – wenn sie welche geschrieben haben. Wer gerade einmal nicht dazu kam oder sich blockiert fühlte, kann beim nächsten Mal wieder einsteigen. Niemand wird gezwungen, seinen Text vorzulesen. Manchmal entsteht ein Text, der so intim ist, dass er wirklich nur für einen selbst und nicht für die Gruppe bestimmt ist. Die VerfasserInnen der Texte entscheiden immer selbst, was mit ihren Texten geschieht. In der Regel werden sie aber ihren Text gern vorlesen, denn sie sind ja gespannt, wie er ankommt. Und die Erfahrung zeigt: anderen gefällt der Text meist besser, man selbst ist immer sein kritischster Leser.

Wenn wir genügend Zeit haben, lesen wir jeden Text einzeln mit anschließendem Feedback und Gespräch darüber. Wenn die Zeit knapp ist, werden manchmal drei Texte am Stück gelesen und das anschließende Gespräch bezieht alle drei mit ein.

Wer einen Text in einer Gruppe vorliest, ist nicht selten aufgeregt. Das ist nachvollziehbar, denn mit einer Geschichte aus seinem Leben zeigt er ja ein Stück von sich selbst. Je nachdem, wie nahe einem das geht, was man geschrieben hat, desto mehr Mut und Vertrauen in eine Gruppe braucht es, ihn vorzulesen. Deshalb sind eine achtungsvolle Atmosphäre in der Gruppe und eine behutsame Kultur des Umgangs miteinander so wichtig. Jeder Text ist ein Geschenk an die Gruppe und verdient Aufmerksamkeit und Wertschätzung. Wenn es gelingt, diese Grundhaltung gemeinsam herzustellen, ist die Begegnung mit Menschen und ihren Texten umso befriedigender.

Rückmeldungen geben

Wertschätzung bedeutet natürlich nicht Kritiklosigkeit. Aber es ist auch wichtig, herauszuarbeiten, was an einem Text gut ist. Wo sind die Stellen, wo ich als Zuhörende intensiv mitgehe? Wo entsteht bei mir und der Gruppe Kino im Kopf? Und: Wie macht der Text das? (direkte Rede, Beschreibung von Gerüchen ...). Es gibt immer viel voneinander zu lernen. Und wo fehlt das Kino im Kopf, wo bekomme ich als Zuhörende kein Bild? Wo bleiben die Zuhörenden hängen, wo sind sie eher verwirrt? Und was könnte helfen, diese Passage so zu gestalten, dass beim Zuhörer das ankommt, was ankommen soll?

Es ist beeindruckend, wie viel Gruppenmitglieder aus einem Text herausarbeiten, wenn sie ihrer Wahrnehmung und ihrem Kino im Kopf vertrauen. Deshalb kommt unser Feedback als Leiterinnen immer zuletzt.

Manchmal muss das Eis nach dem Vorlesen eines Textes gebrochen werden, wenn sich keiner traut, als erster etwas dazu zu sagen. Dafür gibt es eine schöne Methode: Für jeden Text übernimmt eine Teilnehmerin eine Patenschaft. Das heißt, sie spricht als erste und darf alles sagen, was ihr auffällt.

Beim Inhalt eines Textes kann es niemals um richtig oder falsch gehen. Auch bei Texten über historische Ereignisse, die jemand anders vielleicht ganz anders erlebt hat als die Autorin. Richtig sind Sichtweise und Gefühle dessen, der gerade einen Text vorliest. Die Frage ist: Worum geht es dem oder der Schreibenden, und kommt das bei den Zuhörenden an? Und was sind die Mittel, die jedem oder jeder Einzelnen liegen, was ist ihre eigene Sprache?

Es gibt auch Texte, an denen wir nicht oder nur sehr behutsam sprachlich oder inhaltlich arbeiten. Das hängt vom Inhalt und vom emotionalen Gehalt für die VerfasserInnen ab. Bei Texten über Gefühle einigten wir uns zum Beispiel auf die Regel: Nur positive Rückmeldungen sind erlaubt. Manche Texte sind einfach ein besonderes Vertrauensgeschenk an die Gruppe. Manchmal geht es eher darum, Erlebnisse, gute oder schmerzhafte, einer Gruppe mitzuteilen und im Mittelpunkt der Nachfragen und des Mitgefühls steht der Mensch und weniger der sprachliche Duktus seines Textes. Es kam auch schon vor, dass Frauen gegenseitig ihre Texte vorlasen, eine für die andere, weil es so leichter war.

Dies sind einige Erfahrungen aus unserer Arbeit. Natürlich hat jeder und jede von uns ihren eigenen Stil. Wir möchten Sie aber auch ermutigen, auf die Gruppe zu vertrauen. Die Prozesse einer Gruppe kann man durch Leitung niemals vollkommen lenken. Zum Glück.

Sabine Sautter

Ich erinnere mich ...

„Die Zeit“ schenkte uns die Idee für diese einfach durchzuführende und niederschwellige Methode. 1999 erschien in der Rubrik „Zeitläufe“ eine Reihe mit dem Titel „Ich erinnere mich ...“, bei der verschiedene Zeit-Autoren, ältere und jüngere, über das ausgehende Jahrhundert schrieben. Sie wurden gebeten, sich zu erinnern an „Begegnungen, Szenen, Geräusche, Gerüche, Ängste, Momente der Freude, aus denen sich das Bild des Jahrhunderts zusammensetzt“. Die Form ist sehr kleinteilig, und jeder Satz bzw. Absatz beginnt mit „Ich erinnere mich ...“. Wir baten unsere TeilnehmerInnen, es den Zeit-Autoren „nachzumachen“ – und waren erstaunt, wie leicht das ging und wie beeindruckend die Ergebnisse waren.

Damit unsere Teilnehmerinnen eine konkrete Vorstellung hatten, wie wir es meinten, zitierten wir einige Sätze aus einem Text von Raimund Hoghe (Die Zeit, Nr. 25, 17. Juni 1999):

> *Ich erinnere mich an den Geruch des Lebertrans, an den Löffel mit dem gelblichen Saft, von dem man groß und stark werden sollte, an den Ekel vor diesem Löffel.*
>
> *Ich erinnere mich, wie von abwesenden Männern gesprochen wurde; es hieß, sie wären ‘gefallen’.*
>
> *Ich erinnere mich an feuchte, dunkle Kellerräume, an die Kartoffeln und Kohlen, die dort gelagert waren, und an die sorgfältig gestapelten Briketts. ...*
>
> *Ich erinnere mich an die Mokkatassen im Wohnzimmerschrank hinter Glas, mit golden glänzendem Rand, und daran, dass nie Mokka getrunken wurde in der Schwelmer Straße. ...*
>
> *Ich erinnere mich an die gestärkten Pettycoats meiner Schwester, die die zum Trocknen auf den Boden gestellt wurden und hart werden sollten wie Gips. ...*
>
> *Ich erinnere mich an einen Freund, der als Kind sehr beeindruckt war, als er auf dem Arm eines Onkels Zahlen sah. Was die zu bedeuten hätten, habe er seinen Onkel gefragt. Das sei seine Telefon-Nummer, habe der geantwortet. ‘Und ich dachte: Das ist aber praktisch, die Telefonnummner immer auf dem Arm zu haben.’*

Ich erinnere mich an die Höhensonne in der Küche und die Wattebäusche, die zum Schutz auf die Augen gelegt wurden. ...

Ich erinnere mich an zartgelbe und lindgrüne Cocktailsessel, die neben der Blumenbank im Wohnzimmer standen und zur Seite geschoben wurden, wenn Tanzschritte geübt wurden – Twist, Madison und Cha-Cha-Cha.“

Die Art, wie hier quasi wie ein Puzzle aus verschiedenen kleinen Erinnerungsbildern das Bild einer Zeit gezeichnet wird, ist auch für Laien sehr leicht umsetzbar. Denn häufig sind es ja nur kleine „Erinnerungsschnipsel“, die wir haben. Bilder, Gerüche, Szenen, die einzeln keine Geschichte ergeben, im Ganzen aber wie eine Collage wirken.

Wir haben diese Methode schon oft angewendet, viele unserer TeilnehmerInnen können gut damit umgehen. Sehr gut eignet sie sich natürlich, um zeitgeschichtliche Atmosphäre einzufangen. (Einen Beispiel-Text finden Sie im Anhang.) Man kann sie aber auch verwenden, um einen Menschen zu beschreiben, ein Ereignis, einen Ort ... der Fantasie sind keine Grenzen gesetzt.

Sabine Sautter

Orte meines Lebens

Material

Sie benötigen kopierte Textabschnitte aus dem Buch „Orte“ von Marie Luise Kaschnitz (Suhrkamp TB 2185). Leeres Papier, Stifte, eine Welt- oder Europakarte. Spielfigürchen in der Anzahl der Teilnehmenden mit einem kleinen Stück Tesakrepp an der Unterseite, das so gerollt wird, dass es an beiden Seiten klebt.

Verlauf

Ein bis zwei kleine Prosatexte aus dem Buch werden vorgelesen. Es sind Erinnerungen der Dichterin, die sich auf einzelne Städte, Orte, Landschaften, aber auch Räume (z.B. Hausflur) beziehen. Die knappe, unsentimentale Sprache löst sofort Entspannung aus („Ja, das kann ich auch“) und regt eigene Ortserinnerungen an.
Dauer: ca. 10 Min.

Die Teilnehmenden werden ermutigt, hier und jetzt einen eigenen Text in dieser Art zu verfassen (ca. 20 Min.). Einen „Ort“ zu erinnern, der in ihrem Leben eine Rolle spielte, einen Raum, einen Garten... Wie sah das aus? Was war da? Wie denke ich heute darüber...?

Auf dem Boden wird die Karte ausgelegt. Dann liest, wer mag, einen Text vor und plaziert dazu seinen/ihren Ort mit einem Figürchen auf der Karte. Andere TeilnehmerInnen dürfen etwas zu dem Text sagen, kleine Rückfragen stellen, behutsame Kommentare geben, möglichst wenig werten. Es gibt hier kein richtig oder falsch. Allerdings ist diese Rückmeldungsphase für die Vorlesenden wichtig, ihr Mut verdient eine Belohnung!
Dauer: mindestens 60 Min., je nach Gruppengröße.

Sehr häufig erleben alle eine große Überraschung: Was für schöne Texte – das haben wir geschrieben?!

Methodische Überlegungen

Diese Methode eignet sich wunderbar als Einstieg ins Schreiben oder ist auch als Baustein in anderem thematischen Kontext denkbar. Das Thema ist so offen formuliert, dass die Teilnehmenden selbst entscheiden können, wie „tief“ sie mit ihrem Text gehen wollen, und was sie in die Gruppe geben möchten. Auch stellt das Thema frei, in welchen Zeitabschnitt des Lebens der/die Schreibende zurückgehen möchte. Die Weltkarte ist ein spielerisches Element, das erheitert und Kontakt schafft („Meins ist ganz in der Nähe von deinem...“). „Orte meines Lebens“ könnte auch die Kapitelüberschrift in einem Erinnerungs-Buch sein, das heißt: Das Thema ist ausbaufähig, der/die SchreiberIn kann je nach Lust und Laune weitere Texte ihrer/seiner Sammlung hinzufügen. Die Ermutigung durch die vorgelesene Vorlage ist sehr wichtig zur Entlastung. Die Hörenden schwingen sich ein auf den schlichten, ehrlichen, unschulischen Sprachstil. Diese Übung ist eine, die ziemlich garantiert „Erfolgserlebnisse“ im Schreiben beschert.

Petra Dahlemann

Ein Mensch, der mich geprägt hat

Material

Papier (kleineres und größeres), Stifte für alle.

Verlauf

1. Schritt: Jeweils zwei Personen aus der Gruppe beschreiben einander ein Foto, an das sie sich erinnern. Auf dem Foto sollte ein Mensch sein, der sie geprägt hat, der für sie wichtig war. Man erzählt einander: Was sieht man auf dem Foto? Wo und wann wurde es aufgenommen? Wieso erinnere ich mich so gut daran? Was bedeutet dieser Mensch für mich?
   Variante: Einfach von diesem Menschen erzählen: Sein/ihr Charakter, Aussehen, was bedeutet der Mensch in meinem Leben, wie denke ich heute über ihn? Möglichst sinnlich konkret erzählen. Wie war seine/ihre Körperhaltung? Welche Schuhe trug er/sie? Gab es typische Gesten usw.
   Dauer: höchstens 15 Min.
2. Schritt: Jede/r schreibt ein „Elfchen" über diesen Menschen, der ihn/sie geprägt hat. Das heißt: einen reimlosen Fünfzeiler mit elf Silben, bei dem das erste und letzte Wort gleich sind, z.B. könnte das der Name der Person sein (Schema siehe „Textformen").
   Dauer: 5 Min.
3. Schritt: Jede/r überlegt für sich: Welcher Gegenstand, welches Ding fällt mir zu dieser Person ein? Was war/ist typisch für ihn oder sie? Oder woran erinnere ich mich? Gibt es etwas, das den mich prägenden Menschen mit meinem Leben verbindet?
   Dann schließen die TeilnehmerInnen die Augen, stellen sich den Gegenstand genau vor und zeichnen ihn danach mit geschlossenen Augen (!) und schnellen Strichen aufs Papier, eventuell auf das Blatt mit dem Elfchen-Text. Und staunen!
   Dauer: 5 Min.
4. Schritt: In der Gruppe werden die entstandenen Blätter gezeigt und die Textchen gelesen.
   Dauer je nach Gruppengröße: 15 – 20 Min.

Fazit

Diese Methode verbindet verschiedenste Elemente, vom Partnergespräch über die Eigenzeit bis zum Plenum, verbindet bildnerisches Arbeiten (das wirklich jeder kann) mit Text usw. Oft entstehen sehr schöne Blätter, die leichthändig aussehen, aber in sich die Tiefe der gelebten Beziehung haben. Insgesamt dauert diese Einheit etwa 45 Minuten. Sie ist in ihrer Kurzweiligkeit für Anfangssituationen, Endphasen einer Gruppe oder auch zwischendrin als „Erfrischung" geeignet.

Die entstandenen Blätter können auch als Ausgangspunkt für einen längeren Text dienen, der dann beispielsweise zu Hause angefertigt werden kann. In diesem Fall dient die Methode (oder Teile daraus) als Einstieg.

Sie können als Variante die Erinnerung an eine Person auch mit typischen Sätzen dieses Menschen verbinden lassen und in einem „Rope of life" im Raum visualisieren (siehe Textformen).

Petra Dahlemann

Der rote Faden

Material

Papier, Metaplan-Karten, dicke Filzstifte für alle, je ein 1 Meter langes Stück rote Schnur pro TeilnehmerIn, 3 Wäscheklammern je Teilnehmerin.

Diese Methode ist eine Kombination aus Schreiben und Erzählen. Sie ist eine Möglichkeit, sich die eigenen Werte bewusst zu machen: Wer hat mich geprägt? Welche Werte hat er oder sie mir vermittelt? Wie ist das in meinem Leben wirksam geworden? Die Methode bietet eine Möglichkeit, sich der Sinnfrage zu nähern und einem kleinen Stück des roten Fadens im eigenen Leben auf die Spur zu kommen.

1. Schritt

Ein Mensch, der in meinem Leben wichtig war – ein Elfchen
Wir beginnen mit einem Thema, das man auch in anderen Varianten bearbeiten kann (siehe S. ....) Es wird etwa so eingeführt: „Ich möchte Sie einladen, sich an einen Menschen zu erinnern, der in Ihrem Leben wichtig war, der Sie geprägt hat. Das kann jemand aus der Familie sein, vielleicht ein Eltern- oder Großelternteil oder auch ein Lehrer oder eine Lehrerin, den Sie bewundert haben, der ein besonderer Mensch war, ein Freund .... Manchmal haben aber auch ganz andere Menschen Wirkung auf uns und unser Leben, Freunde, Nachbarn ... Es können Menschen sein, die unser Leben längere Zeit begleiten, oder aber auch Menschen, die nur ganz kurz unseren Weg kreuzen, wie etwa jemand, der einen Vortrag hält, der unser Leben verändert. Ich möchte Sie also einladen, an einen Menschen zu denken, der Sie geprägt hat, der Auswirkungen auf Ihr Leben hatte."

Nun bitten Sie die TeilnehmerInnen, ein Elfchen über diesen Menschen zu schreiben. Dafür benötigen sie etwa 10 bis 15 Minuten.

2. Schritt

Partnerinterview

Nun gehen die TeilnehmerInnen zu – selbst gewählten – Paaren zusammen. Die erste liest zunächst ihr Elfchen vor und erzählt anschließend über den Menschen, den sie in ihrem Elfchen beschrieben hat. Ihre Interview-Partnerin hört zu und fragt nach, wenn ihr etwas nicht klar ist. Sie erzählt nicht von eigenen Erinnerungen, dafür bekommt sie später Raum. Die Erzählerin sagt vor allem, was ihr an diesem Menschen wichtig ist, wofür er für sie steht. Meist ist das ein Wert wie „Gerechtigkeit", „menschliche Wärme" oder anderes. Die Interview-Partnerin hilft durch Nachfragen, diesen Begriff auf den Punkt zu bringen. Zum Abschluss notiert die Erzählerin den gefundenen Begriff mit einem dicken Filzstift auf eine Metaplan-Karte. Danach beginnt die zweite Person, ihr Elfchen vorzulesen und vollzieht dieselben Schritte nach. Für diesen Schritt planen wir etwa eine halbe Stunde ein. Nach 15 Minuten bitten wir die Partnerinnen zu wechseln, was wir eine Minute vorher angekündigt haben.

3. Schritt

Eine Werte-Geschichte schreiben

Zum dritten Schritt nehmen alle wieder in der Runde Platz. Jede hat ihre Karte vor sich mit dem Wert, den der besagte Mensch für sie verkörpert. Nun werden die Teilnehmenden aufgefordert, sich zu erinnern, an welchen Punkten in ihrem Leben dieser Wert eine Rolle gespielt hat. Die Person, über die das Elfchen verfasst wurde, ist dabei nicht mehr wichtig. Eine Teilnehmerin hatte zum Beispiel über ihren Schwiegervater erzählt, der für sie ein wichtiger Mensch gewesen war und der für sie „Gerechtigkeit" verkörpert hatte. Daraufhin schrieb sie eine Begebenheit auf, bei der sie sich an der Schule ihrer damals kleinen Kinder eingesetzt hatte, als diese ungerecht behandelt wurden – selbst überrascht über ihren Mut, der aus ihrem starken Empfinden für Gerechtigkeit gewachsen war.

Für das Schreiben der Texte genügen 15 bis 20 Minuten. Danach bilden sich Kleingruppen von vier bis fünf Personen. Sie lesen einander ihre Texte vor und sprechen über die geschriebenen Erlebnisse und ihre Bedeutung.

4. Schritt

Den roten Faden sichtbar machen

Nach dem Ende dieser Gruppenphase erhalten alle Teilnehmenden einen roten Faden, das heißt, ein etwa ein Meter langes Stück rote Schnur und drei Wäscheklammern. Am linken Ende der Schnur wird mit der Wäscheklammer das Elfchen befestigt, in der Mitte die Metaplan-Karte mit dem Werte-Begriff, am rechten Ende die Geschichte. Alle Teilnehmenden hängen – sofern sie das möchten – ihren „roten Faden“ im Seminarraum auf, zum Beispiel an Pinnwänden oder mit Klebeband an den Wänden. So wird für alle sichtbar gemacht, was in Partnergesprächen und Kleingruppen gesprochen wurde. Die Teilnehmenden bekommen etwas Zeit, herum zu gehen und sich die anderen „roten Fäden“ anzusehen. Sie werden nicht mehr kommentiert, es wird im Plenum also nicht mehr damit gearbeitet. Trotzdem dient es dem Abschluss der Einheit, das Erarbeitete für alle sichtbar zu machen. Auch hier gilt natürlich: niemand muss seinen Text in der Gruppe vorlesen. Und wer möchte, dass das Besprochene in der Kleingruppe bleibt, muss einen roten Faden nicht aufhängen.

Je nach Gesprächsbedürfnis der Gruppe benötigen Sie für diese Methode insgesamt etwa zwei Stunden. Wir haben auch gute Erfahrungen mit dieser Einheit beim Beginn eines Wochenend-Seminars gemacht. Das langsame kennen lernen in Zweiergesprächen, das Ausweiten auf Kleingruppen wurde von vielen Teilnehmenden als angenehm empfunden. Es erleichterte das Sprechen im Plenum und machte ein schrittweises Kennenlernen der anderen Teilnehmerinnen möglich.

Sabine Sautter

Das Schachteltheater

Eine sehr berührende, aufregende, ästhetische Methode einen wichtigen Menschen im eigenen Leben zu ehren, nennen wir „das Schachteltheater". Der Erfolg der Methode steht und fällt mit den angebotenen Materialien! Es muss ein Fest sein, ein Rausch zum Zugreifen!
Es sollten ausliegen:
- für jeden Teilnehmer eine leere Schachtel
- alte Zeitschriften und Magazine
- Scheren
- Klebstoffe aller Art
- Farben, Malmaterialien
- dreidimensionale Figuren z.B. aus Holz, Tierfiguren, Menschenfiguren, kleine Modelle von Bäumen o.ä.
- Knete
- Schnüre jeglicher Art
- und Deko-Material, was Ihnen sonst noch so einfällt: Federn, Watte, Blätter, Rinde, Moos, Äste, Steine, Metallteile, Draht, Perlen, künstliche Blumen....

Die TeilnehmerInnen entscheiden sich für die Person, über die sie arbeiten wollen. Eine geliebte, geschätzte, wichtige (jedenfalls positiv besetzte) Person in ihrem Leben. Für diesen Suchprozess könnten sie mit Erzählsequenzen, „Elfchen" oder ähnlichem arbeiten.

Dann soll für diese Person jeweils eine Schachtel gestaltet werden und zwar als sähe man auf eine Bühne, ein Theater. Die Schachtel wird also gekippt, mit der Öffnung zum Betrachter ... und nun nach Herzenslust beklebt, bemalt, gestaltet. Kleine Figuren können ins Innere wie auf eine Bühne gestellt werden.

Bitte dafür ausreichend Zeit geben, das ist für jeden Menschen eine intensive und meist sehr lustvolle, aufregende Arbeit. Wir empfehlen: 90 Minuten – mindestens.

Die „Auswertung" und das Gespräch erfolgt wie eine Vernissage bei einer Kunstausstellung: Die Schachteln werden ausgestellt, für jeden gibt es ein Glas Sekt und dann nun wandert man gemeinsam langsam von Schachtel zu Schachtel und lässt sich von der Künstlerin oder dem Künstler etwas zu der Person oder dem Herstellungsprozess erzählen. Wie ging's Ihnen? Was wurde Ihnen klar? Rückfragen sind erlaubt, aber es ist gut, hier aufmerksam und einfühlsam zu moderieren. Meist zeigen die TeilnehmerInnen eine Menge von sich selbst auf diese Weise – es ist wichtig, dass sie Fürsorge und Schutz erfahren, und das Gespräch nicht in Selbsterfahrungstiefen rutscht, die von der jeweiligen TeilnehmerIn nicht gewünscht sind. Auch hier gilt: Der/die TeilnehmerIn steuert die Tiefe.

Petra Dahlemann

Ort der Ruhe und der Kraft

Man kann das Schreiben eines Textes auch mit einer Phantasiereise einleiten. Die TeilnehmerInnen setzen sich dabei bequem hin, ruhen die Augen auf einem Punkt aus oder schließen sie. Als Thema haben wir einen Ort gewählt, der für die TeilnehmerInnen eine Kraftquelle ist. Nachdem das für jede oder jeden ein anderer Ort ist, geben wir keine Bilder vor, sondern helfen durch Fragen, zu inneren Bildern zu kommen. Hier ist ein Beispiel für eine solche Anleitung:

Ich möchte euch jetzt einladen, mit Aufmerksamkeit nach innen zu gehen ... und zunächst einfach deinen Atem wahrzunehmen, ... zu spüren, wie du atmest ... und den Atem einfach so zu lassen, wie er ist, ... in deinem eigenen Rhythmus ... und es kann angenehm sein, wahrzunehmen, wie die Luft mühelos in deinen Körper strömt ... und ihn wieder verlässt ... ganz ohne dein Zutun ... und es kann sein, dass du jetzt auch schon etwas langsamer und ruhiger atmest ... sodass sich ein angenehmes Gefühl der Ruhe und der Schwere ausbreiten kann .....

und vielleicht kannst du Geräusche wahrnehmen ... Geräusche hier im Raum ... oder von der Straße ... und es kann sein, dass die Geräusche langsam immer undeutlicher werden ... während du dich langsam in eine angenehme Entspannung sinken lässt ...

und es kann angenehm sein, die Stellung deines Körpers zu spüren ... die Stellung, in die du deine Füße gebracht hast ... deine Beine ...die Lage deiner Arme neben dem Körper ... und die Wirbelsäule ... bis nach obenhin zum Nacken ... und zum Kopf ...

und während du deinen Körper spürst ... kannst du gleichzeitig deinen Gedanken und Gefühlen und Vorstellungen nachhängen ... so wie sie kommen und gehen ... und während du deine Gedanken kommen und gehen lässt ... kann es sein, dass ein Teil von dir sich an einen schönen Ort treiben lassen möchte ...einen Ort, an dem du dich ruhig und wohl fühlst ... an einen Ort der Ruhe und der Kraft ... und vielleicht ist es ein Ort aus deiner Erinnerung ... an dem du schon einmal gewesen bist ... oder an dem du gerne sein möchtest ... oder er taucht einfach auf aus deinem Inneren ... und es können mehrere Bilder sein, die wechseln und an deinem inneren Auge vorbeiziehen ... und es kann angenehm sein, sie solange an deinem inneren Auge vorbeiziehen zu lassen ..., bis du eines dieser Bilder festhalten kannst...ein Bild, von dem du spürst, dass es dir dort gut geht ... vielleicht ist es eine Landschaft ... oder ein Raum ... oder vielleicht ist es eine Stadt oder ein Ort ... und es kann sein, dass es ein stiller, einsamer Ort ist ... oder es sind auch Menschen dort, die dir gut tun .....

und ich frage mich, wie es dort aussieht, an deinem Ort der Ruhe und der Kraft ... und es kann angenehm sein, dort in Ruhe die Augen umherschweifen zu lassen ... und die Farben wahrzunehmen, die es dort gibt ... und die Formen ... und ich frage mich, ob du alles dort sehr deutlich sehen kannst ... oder eher etwas verschwommen ... und wenn du dich dort umsiehst, ... findest du vielleicht einen Platz, der dir einladend erscheint, um ein wenig zu verweilen ... und von dort aus in Ruhe um dich zu blicken ... sodass du alle Besonderheiten dieses Ortes in dir aufnehmen kannst ... und die Stimmung spüren kannst, die dieser Ort ausstrahlt ...

und vielleicht gibt es auch Geräusche, die du dort hören kannst ... vielleicht sind da Stimmen ... vielleicht hörst du Musik ... oder auch die vielfältigen Geräusche der Natur ... und ich weiß nicht, welche Geräusche du als besonders angenehm empfindest ...

und es kann sein, dass du dort auch etwas ganz besonderes riechen kannst ... und vielleicht erinnert dich der Geruch an etwas ... und vielleicht kannst du einen angenehmen Geruch in dir aufnehmen ...

und es kann sein, dass du dort auch etwas auf deiner Haut spüren kannst ... an deinen Händen ... unter deinen Füßen ... vielleicht am ganzen Körper ... und ich frage mich, ob du es genießen kannst ... weil es sich gut und angenehm anfühlt ...

und vielleicht gibt es auch einen besonderen Geschmack, den du auf deiner Zunge spürst ... und den du auskosten kannst ...

und es kann einfach angenehm sein, dort zu sein, an deinem Ort der Ruhe und der Kraft ... und alles Schöne und Behagliche zu spüren, das dieser Ort dir vermittelt ... und das Wohlgefühl und

die Stärke in dir aufzunehmen ... und mit jedem Atemzug atmest du die innere Kraft dieses Ortes ein ...
und vielleicht möchtest du dich noch einmal in Ruhe umsehen an diesem angenehmen Ort ... und dann wird es Zeit, langsam Abschied zu nehmen ... und du kannst all die Ruhe und die Kraft von dort mit dir nehmen ... und du kannst dir die Bilder einprägen ... und dich jederzeit daran erinnern, wenn du es möchtest ... so wie man sich gern an ein angenehmes Erlebnis erinnert ... und während du deine Bilder in dir bewahrst ... erhebst du dich wieder von dem Ort, an dem du dich niedergelassen hast ... um zurückzukehren in diesen Raum ... zu den anderen Menschen ... ganz in deinem eigenen Tempo ...
und wenn ihr wieder angekommen seid, orientiert ihr euch wieder hier im Raum ... und öffnet die Augen ... und atmet tiiief durch ... und streckt euch .....

Wenn Sie eine Phantasiereise anleiten, ist es wichtig, nicht zu schnell zu sprechen und Pausen zu machen, weil Ihre ZuhörerInnen Zeit brauchen, um innere Bilder zu entwickeln. In der Regel neigt man als AnleiterIn dazu, zu schnell zu sprechen. Ein gutes Korrektiv ist es, wenn man selbst in Gedanken mitgeht, das heißt, selbst eigene Bilder aufkommen lässt. Dabei bekommt man dann ein gutes Gefühl dafür, wo die Pausen gesetzt werden sollten. Im Beispieltext oben sind Pausenvorschläge durch Punkte im Text markiert.

Bei Phantasiereisen, die ja innere Bilder ansprechen, ist eine subjektive Sprache hilfreich, also eher „spüren“ und „erleben“ statt „kennen lernen“ oder „erfahren“.

Die hier vorgestellte Form geht zurück auf Ulrich Dehner und basiert auf hypnotherapeutischen Ansätzen. Sie beruht auf der Achtung vor der Autonomie der Zuhörenden. Sie räumt ihnen möglichst viel Raum für eigene Bilder ein und gibt nichts vor. Das Meer kann für den einen ein Ort der Kraft sein, dem anderen macht es Angst. Ein Ort der Ruhe ist für jeden etwas anderes, jeder muss seine Bilder selber füllen. Das funktioniert am besten, indem der oder die Anleitende viel fragt, zum Beispiel nach den einzelnen Sinneswahrnehmungen.

Achtung vor der Autonomie der Zuhörenden zeigt sich auch in der Wortwahl: Es gibt in der oben gezeigten Form keine Imperative und keine normativen Sätze („und es kann sein, dass Du jetzt auch schon etwas langsamer und ruhiger atmest ...“, statt „und Dein Atem wird ruhiger und tiefer“). Die ZuhörerInnen können immer entscheiden, stimmt das für mich? Wenn nicht, dann nicht, dann muss ich mich nicht ärgern über einen befehlsartigen Satz.

Sie werden bemerkt haben, dass der Beispieltext immer wieder mit Verbindungswörtern weitergeführt wird, wie ein Bandwurmsatz. Das erleichtert es der inneren Vorstellungskraft, mitzugehen. Innere Bilder entstehen im Fluss, der nicht durch Punkte bzw. Senken der Stimme unterbrochen werden will. Wichtig ist allerdings dabei, dass die einzelnen Satzteile möglichst klar und unkompliziert sind.

Für die oben gezeigte Phantasiereise müssen Sie etwa 15 Minuten einplanen. Wichtig ist es, die ZuhörerInnen richtig „zurück zu holen“. Lassen Sie sie Abschied nehmen von ihren Bildern, geben Sie Zeit zum Zurückkommen und vor allem: wenn alle wieder im Raum angekommen sind, sollten sich alle strecken und tief durchatmen. Das sollten Sie als LeiterIn selbst auch tun.

Sabine Sautter

Schreibspiele

Auch mit Schreibespielen lassen sich Gruppentreffen eröffnen, Schreibschüchternheit abbauen, Pausen und Erholung schaffen, ein heiteres, angenehmes Arbeitsklima erzeugen, Abende gestalten ... Die Spiele können ein guter Übergang sein vom biografischen zum fiktiven Schreiben.

Sie finden Schreibspiele in Büchern zum kreativen Schreiben, die in Buchhandlungen und Büchereien erhältlich sind. Aber haben Sie auch immer wieder Mut, Spiele selbst zu erfinden!

Wir haben gute Erfahrungen gemacht mit folgenden Spielen:

Mein Name senkrecht gelesen

Jede/r schreibe seinen Namen senkrecht auf ein Papier und bildet mit diesen Buchstaben neue Wörter. Hier ein Beispiel aus einer unserer Gruppen:

Chamäleon einherpantöffelt
Haustüre ihm die Blattlaus öffnet
Apfel lachte ihm entgegen
Rotbäckchen, kommst mir gelegen!
Laus hin – Laus her, ich esse dich!
Ohnmächtig fühlt der Apfel sich
Tintenfleck sich in der Ecke reckt
Taube ihre Flügel streckt
Elend dem, der so gut schmeckt !

Ch. B.

Manchmal ergeben diese Wörter so gelesen schon einen Mini-Text (gut für Vorstellungsrunden), man kann daraus auch einen Kurztext von einer halben Seite Länge schreiben (ca. 10-15 Min. Dauer) und vorlesen lassen. Sehr viel Spaß hat es gemacht, aus solchen Wörtern ein Telegramm schreiben zu lassen – da entstanden sehr witzige Texte.

Klopfspiel

Die Gruppe denkt sich für alle Teilnehmenden reihum eine Anzahl Wörter aus, und zwar so: Alle TeilnehmerInnen überlassen sich dem Strom ihrer Gedanken. Wer gerade „dran“ ist, klopft plötzlich auf den Tisch. Alle halten im Denken inne und sprechen nun reihum das Wort laut aus, an das sie zuletzt gedacht haben. Die/der Teilnehmende, für den gedacht wurde, notiert sich die Wörter. Dann kommt der nächste Durchgang für eine/n anderen. Wenn alle „ihre“ Wörter haben, lässt man daraus Kurztexte schreiben.

Petra Dahlemann

Schreiben an anderen Orten

Eine Methode, die sich bei uns besonderer Beliebtheit erfreut, ist das Schreiben an anderen Orten. Das heißt: nicht im Seminarraum. Wir fahren hinaus in den Botanischen Garten oder gehen in eine Kirche, fallen in einer Bank ein oder gehen an einen der zentralen Plätze der Stadt. Auch der Bahnhof ist hervorragend geeignet! So viele Abschiede! So viele Begrüßungen! Sinnliche Eindrücke!

Nach einer kurzen Begrüßung und der Erklärung der Schreibaufgabe sucht sich jede/r ein geeignetes Plätzchen und beginnt zu schreiben. Über eine Erinnerung, die das Gesehene bei ihr/ihm auslöst. Oder eine Beobachtung. Sehr gut lässt sich der Wechsel des Ortes mit einem Theorieteil verknüpfen, etwa das Üben einer bestimmten Erzählperspektive oder der Methode „die schwammweiche Zeit" (siehe dort). Wenn Sie den Ort aussuchen, ist es wichtig, dass Sie an das Wetter denken, und es sollte gewährleistet sein, dass der Ort ausreichend Sitzmöglichkeiten bietet.

Die Besprechung der Texte sollte an einem ruhigen Ort geschehen. Cafes und Restaurants sind nur selten geeignet, Geräuschkulisse gibt es da fast immer. Vielleicht ist es möglich, bei der Seminarplanung die Fahrzeit zu Ihrem Seminarraum mit einzukalkulieren und dort die Texte zu besprechen. In einem dreistündigen Seminar geht das ohne Weiteres.

Petra Dahlemann

Schreiben zu Kunstwerken

Es gehört zu den erstaunlichen Erfahrungen im Schreiben, dass Schreibende letztlich immer bei den Geschichten ankommen, die nun mal erzählt werden sollen, die das Tageslicht erblicken wollen – deren Zeit gekommen ist. In jedem Menschen schlummern solche Geschichten. Erstaunlich ist der Zugang zu solchen inneren Juwelen und den großen Wichtigkeiten gerade dieses Individuums. Der Zugang ist nämlich nahezu beliebig! Das Thema muss nur offen und weit genug formuliert sein, ein großes Spektrum bietet – dann greifen die TeilnehmerInnen unfehlbar zu dem „Was sie unbedingt angeht". Wir haben sehr gute Erfahrungen gemacht mit dem Schreiben über Kunstwerke.

Im Museum

Sie können mit Ihrer Gruppe in ein Museum für Bildende Kunst gehen, dort ausschwärmen und jede/r TeilnehmerIn schreibt einen Text zu einem der dort ausgestellten Gemälde. Zum Beispiel einen Brief an eine der Figuren im Bild. Oder einen Brief der Figur an eine andere. Oder an den Maler. Oder einen Text über eine Erinnerung, die das Bild bei ihr/ihm auslöst. Es ist gut, dafür mindestens eine Stunde Zeit zu geben, denn die Auswahl des Bildes selbst ist ein Genuss und dauert seine Zeit. Auch ist es empfehlenswert ein Museum zu wählen, das nicht völlig überfüllt ist und in dem BesucherInnen einen Stuhl bekommen können. Nur so ist ein längeres Verweilen vor einem Bild keine Qual!

Nach der Schreibeinheit kann man eine gemeinsame Begehung zu den ausgewählten Bildern machen und jeweils dort die Texte lesen. Intensiver kann man sich auf die Texte einlassen, wenn die Besprechung in einem ruhigen Ort außerhalb erfolgen kann, beispielsweise einem Seminarraum des Museums oder an einem bestellten eigenen Raum in einem (Museums-)Restaurant.

Sie werden sehen, dass jeder Text schwankend auf dem Grad marschiert zwischen Selbst-Erkenntnis und Bild-Erkenntnis, denn natürlich ist das hier auch eine Übung im Sehen. Und wenn man will, kann man das sehr gut als Einstieg in eine Bildbesprechung nehmen. Oder eben den biografischen Weg einschlagen. Aber die Verbindungen zwischen beidem sind oft zum Gänsehautkriegen!

Kunstpostkarte

Wenn der Weg zum Museum zu umständlich ist, und Sie die Ruhe Ihres Seminarraumes schätzen, können Sie einfach auch Kunstpostkarten mitbringen. Wichtig ist, dass es wirklich eine große Anzahl ist, etwa dreimal so viel wie TeilnehmerInnen, und dass die Bilder möglichst verschieden sind. Bitte nicht nur nach Ihrem Geschmack! Es ist wichtig, dass für jeden was da ist, und verschiedene Mal-Stile provozieren auch verschiedene sprachliche Lösungen. Das „Wie" des Bildes schlägt sich oft unmittelbar auf das „Wie" des Textes nieder.

Diese Übung wird von unseren Teilnehmerinnen oft als besonders „schön" empfunden, entspannend, es weckt oft die experimentierfreudige, spielerische Seite, deshalb eignet es sich gut nach „schweren", intimen, „anstrengenden" Gruppensituationen, nach denen alle vielleicht etwas Leichtigkeit brauchen können.

Petra Dahlemann

Rope of life – der Lebensfaden

Diese Methode eignet sich zu Beginn eines Seminars – besonders wenn es über mehrere Tage geht – oder zur fortlaufenden Auswertung des Seminars und vor allem: Es sieht gut aus!

Als Anregung diente eine Rauminstallation des russischen Künstlers Ilja Kabakov im Museum für Moderne Kunst in Frankfurt.

Oft ist zu Beginn eines Schreibseminars der geheime Druck bei den TeilnehmerInnen recht hoch: Was wird hier von uns erwartet? Werde ich das schaffen? Da ist es entlastend, mit einer Übung zu beginnen, die nur von einem einzigen Satz ausgeht.

Dies könnte beispielsweise ein Satz sein, den die Teilnehmer mitgebracht haben, der sie in der letzten Woche amüsiert oder beschäftigt hat, der ihnen wichtig war.

Dieser wird reihum vorgelesen, gerne auch kombiniert mit der Vorstellungsrunde.

Im Raum wurde vorab ein Seil gespannt. Auf einem Tisch davor liegen aus:

- Scheren
- Weiße Zettel
- Wollfäden, Garne, Draht
- Stifte
- Tesafilm
- möglichst viele verschiedene dekorative Materialien wie Strohhalme, Federn, Perlen, Watte am Stück, Zweige, Blätter, Beeren, alte Schlüssel, kleine Plastikblumen o.ä.

Die TeilnehmerInnen werden gebeten, ihren Satz auf einen Zettel zu schreiben und diesen mit Tesafilm an einem Stück Schnur zu befestigen. Dieses wird anschließend mit Dekoelementen verziert und damit auch etwas schwerer gemacht, dass sich der Faden schön spannt. Das originelle Gebilde wird jeweils an das große Seil gehängt. Es sieht sofort spektakulär und farbenprächtig aus und das erste „Textelement“ ist geschafft!

Im Laufe des Kurses können weitere schöne Sätze aufgehängt werden, die die TeilnehmerInnen erfreut haben.

Sehr gut lässt sich an diese Einheit die nächst komplexere Textgröße anschließen, zum Beispiel „Elfchen“ („Nehmen Sie ein Wort aus Ihrem Satz, und machen Sie daraus ein Elfchen!“).

Petra Dahlemann

Über Wortarten schreiben

Auf einer großen, gut sichtbaren Tafel oder einem Flip-Chart sammeln wir im Plenum Wörter einer Wortart, etwa Adjektive: grün, blau, gestreift, laut, hoch, warm, glitzernd usw. Es sollten am Ende mindestens 50 oder 60 Wörter sein, damit es eine Auswahl gibt.

Dann sucht sich jede/r ein Adjektiv, das eine Erinnerung bei ihr/ihm auslöst, und schreibt diese Erinnerung auf.

Die Methode hat den Vorteil, dass die Teilnehmenden die Tiefe selbst steuern können. Alle sind ganz frei in der Themenwahl und wie persönlich sie jetzt werden wollen. Deshalb kann man mit dieser Methode sehr gut beginnen und auch Ungeübte zum Schreiben verlocken.

Zauberhaft ist die Kombination dieser Methode mit einem bestimmten zeitgeschichtlichen Abschnitt. Wir haben einmal über erinnerte Farben aus der Nachkriegszeit gearbeitet, das war sehr spannend.

Es ist auch eine Kombination mit der Textsorte „Fragment“ möglich, beispielsweise „Ich erinnere mich...“

Gute Erfahrungen haben wir auch mit der Wortart „Verben“ gemacht: tanzen, abwaschen, Musik hören, arbeiten, schlafen, essen usw.

Petra Dahlemann

Die „schwammweiche Zeit"

Dies ist eine Übung zur Kreativität. Wir begeben uns auf den Weg zu einer originellen Sprache.

Manchmal liest man etwas – und man schaltet sofort ab. Oh nein. Nicht schon wieder. Eine schon tausendmal gehörte Wortkombination, ein allzu bekanntes sprachliches Bild: rauschender Regen, heiße Liebe, knisterndes Feuer, weißer Schnee.

Die *Dinge,* von denen hier geredet wird, sind wunderschön. Aber diese Sprachbausteine werden ihnen nicht gerecht. Es sind Klischees.

Es gibt einen einfachen Trick, um zu einer Sprache zu kommen, die man *so* noch nie gehört hat. Dieser Trick ist das Schöpfen aus „artfremden" Wortschatzgruppen. Man könnte die Vorgänge in einer Sparkasse beschreiben wie ein Konzert, über die Liebe in der Sprache der Buchhaltung schreiben oder für ein Wohnzimmer den Wortschatz der Botanik benützen.

Wir haben das in unseren Gruppen „auswärts" probiert, sind tatsächlich in eine Bank gegangen und haben dort geschrieben – mit den Worten der Musik.

Ein andermal haben unsere TeilnehmerInnen zu Hause geschrieben. Zur Auswahl standen die Themen „Zeit", „ein Gefühl" oder „Natur" und sie durften Wörter aus den Gruppen „Farbe", „Geschmack/Geruch", „Klang", „Konsistenz" und „Botanik" benutzen. So entstand die Formulierung „schwammweiche Zeit". Wie wär's mit „mintgrüner Liebe", „köstlichem Schnee" oder dem „Trommelklang des Nussbaumes"? Schon mal gehört?

Petra Dahlemann

Beispiele aus Literatur und Trivialliteratur analysieren

Die Beschäftigung mit literarischen Texten lehrt sehr viel über die Möglichkeiten der Sprache. Das tut auch Schreibgruppen gut. Wir staunen gemeinsam über die Freiheit von Interpunktion und Satzbau, werden selbst im Schreiben mutiger und schulen das analytische Auge. Das geht mit einem Fremdtext, der einem schriftlich vorliegt, viel eher als mit einem nur gelesenen Text von einem Gruppenmitglied. Sehr geeignet für eine solche Untersuchung sind Textauszüge von Doris Dörrie („Samsara" oder „Bin ich schön?"), Michael Lentz („Muttersterben"), Cees Nooteboom („Kinderspiele"), autobiografische Texte von Marie-Luise Kaschnitz oder Texte von Bewerbern für +den Ingeborg-Bachmann-Wettbewerb, (die Sie sich im Internet herunterladen können oder zum Teil ein Jahr später im Buchhandel erhalten).

Zeitgenössische Literatur, besonders von jungen AutorInnen, ist dem eigenen Schreiben am ähnlichsten – viel eher als allzu alte, hochgerühmte, heilige Literatur aus dem „Kanon", mit der man sich doch nicht messen kann und deren sprachliche Möglichkeiten eventuell auch einer anderen, vergangenen Epoche angehören.

Sehr erhellend und erheiternd ist es, sich Schundhefte von der Tankstelle zu holen, und mal „richtige" Trivialliteratur in der Gruppe zu lesen. Sie können eine Seite so einer rosarotsüßen Kitschliebesgeschichte prima mit einer Seite aus Doris Dörrie vergleichen, und die Gruppe versteht plötzlich: Was ist eine ambivalente, glaubwürdige Figur? Was ist ein guter Textanfang? Wie kann man Dialoge schreiben? Wenn es gelingt, im Schundtext und im literarischen Pendant dasselbe Thema zu finden, beispielsweise Familienfest oder ähnliches, hat man gleich ein schönes Thema zum Selberüben.

Petra Dahlemann

Künstlerbücher

In der Bildenden Kunst gibt es eine eigene Gattung des „Künstlerbuches". Statt einer Leinwand wird ein gebundenes, leeres oder schon bedrucktes Buch übermalt und gestaltet. Das Besondere ist: So ein Buch ist gnadenlos. Ein einzelnes „verdorbenes" Blatt Papier kann weggeworfen werden – die Seite im Buch konfrontiert mich so lange mit sich selbst, bis ich zufrieden bin. Und: auf 10 oder 20 Seiten kann ich mich mit mehr als mit *einem* Thema beschäftigen. Die Gestaltung eines Künstlerbuches ist nicht nur für MalerInnen interessant, sondern auch für Schreibende. Ideal ist natürlich die Kombination. Wir haben in unseren Kursen mehrfach mit MalerInnen zusammengearbeitet. Wir einigten uns auf ein Thema und dann gab es Mal- und Schreibeinheiten dazu. Ein Beispiel war das Thema „Farbe": Am Vormittag war das Thema „rot" dran – wir probierten 20 Rottöne aus und schrieben Elfchen. Am Nachmittag war „blau" das Thema – wir malten Meer und unendlichen Himmel. Dazu schrieben wir Fragmente: „Ich erinnere mich..." Bei der Farbe „gelb" clusterten wir. Das kam wunderbar an. Die Krönung des Ganzen war dann, in eine Ausstellung zu gehen und zu schauen: Wie sind KollegInnen mit der Farbe fertig geworden?

Sehr wichtig in der Vorbereitung ist die Entscheidung, ob die TeilnehmerInnen ein leeres Buch mitbringen sollen (rechtzeitig informieren!) oder ob die Leitung Bücher besorgt. Vorsicht, das Papier muss zum Malen geeignet sein! Das Papier von Schulheften ist viel zu dünn. Gut geeignet sind Skizzenbücher, die im Fachhandel erhältlich sind. Fürs Malen sind Acrylfarben, Wasserfarben und Kreiden geeignet – alle sind mit Wasser auswaschbar. Echte Pigmente sind des Malers Traum und der Tod für Kleider und Böden. Überhaupt sollten die TeilnehmerInnen Kittel oder ähnliches mitbringen, das man beklecksen kann.

Petra Dahlemann

Wettbewerbe

Menschen, die schon länger schreiben, möchten oft irgendwann auch ein öffentliches Publikum finden und denken an eine Publikation. Sie möchten sehen, wo sie im Vergleich mit anderen stehen. Ein Schreibwettbewerb ist Raum für solch einen „Wettkampf" und besitzt eine gewisse Öffentlichkeit. Es ist aber wichtig, im Vorfeld gut zu überlegen, ob die eigene Institution genug Ressourcen dafür hat. Das Ganze kostet Geld und sehr viel Zeit. Wenn man sich dazu entschließt, sollte der Wettbewerb auch mit einer gewissen Professionalität durchgeführt werden.

Zunächst einmal: Bitte wahren Sie die Menschenrechte! In den meisten Schreibwettbewerben wird mit AutorInnen lausig umgegangen. Sie geben ihre Texte hinein, als würden sie sie in einen schwarzen Brunnen werfen – no return. Gehen Sie selbst mit gutem Beispiel voran und informieren Sie die TeilnehmerInnen über den Erhalt des Textes, über das Ergebnis des Wettbewerbes und laden Sie bitte *alle* zur Preisverleihung ein! Sie werden staunen – das ist nicht selbstverständlich, sondern die absolute Ausnahme.

In der Ausschreibung für den Wettbewerb sollte das Thema, die gewünschte literarische Gattung und die Textlänge angegeben sein, sowie die Abgabefrist und ob und welche Preise es gibt. Bei *www.uschtrin.de* können Sie schauen, wie andere das so machen. Dort sind alle Wettbewerbe im deutschsprachigen Raum aufgelistet. Auch sollten die BewerberInnen den Text ohne Namensangabe abgeben und ein Anschreiben mit persönlichen Daten extra hinzufügen. Sofort nach Posteingang werden die Texte mit einer Nummer oder ähnlichem versehen und anonymisiert.

Als nächstes brauchen Sie eine Jury für die Bewertung. Das ist eine gute Gelegenheit, Freunde Ihrer Institution, politisch wichtige Personen, Vorstandsmitglieder usw. in die Arbeit einzubinden. Natürlich sollten auch Fachleute in der Jury sein, Journalisten, Germanisten etc.

Nach Ende der Abgabefrist werden die anonymisierten Texte kopiert und der Jury zugeschickt. Bewährt hat sich eine Bewertung mit Punktesystem, wobei es schön ist, wenn die ersten drei Plätze auch eine kleine schriftliche Begründung bekommen. Das macht die Jury nicht gern, aber für die AutorInnen ist dieses Textchen im Falle eines Gewinnes eine ganz wichtige Anerkennung. Auch die Jury braucht eine Abgabefrist für ihre Wertung. Auch hier gilt: Menschenrechte wahren und ihnen genug Zeit geben!

Wenn die Wertung vorliegt, können die AutorInnen benachrichtigt und die Preisverleihung organisiert werden. Schön ist, wenn es Getränke und ein Buffet gibt. Das schafft einfach einen etwas festlichen Rahmen. Die Preisträger freuen sich, wenn sie ihren Text vortragen dürfen – und es ist auch interessant für die MitbewerberInnen. Wenn Sie Geldpreise ausgeben können – umso besser. Falls nicht, sollten es wenigstens Sachpreise sein. Wir haben es so gemacht, dass wir befreundete Institutionen oder Kollegen gebeten haben, einen Preis zu stiften: einen Seminar zum Selbstcoaching, ein Besuch im Fernsehstudio, ein Originaldrehbuch, einen Büchergutschein. Die größte Anerkennung für eine PreisträgerIn wäre eine Publikation. Vielleicht sehen Sie hierfür eine Möglichkeit.

Petra Dahlemann

Clustern

Man nehme ein großes Papier, oder eine Tafel (im Kleinen geht es dann genauso). In die Mitte kommt der Begriff, über den geschrieben werden soll. Ein Beispiel wäre „Schuhe". Dann überlegen alle gemeinsam: Was gibt es alles für Schuhe? Da fällt uns Verschiedenes ein: Pantoffeln, Gummistiefel, Pumps, Badelatschen, Hochzeitschuhe, Babyschühchen, Winterstiefel, Schlittschuhe usw. Das wird alles rund um den Begriff „Schuh" visualisiert. Man kann die Begriffe auch thematisch bündeln: Winter ... Welche Schuhe? Jeder Begriff löst Kaskaden von neuen aus. Schon während dieser Stoffsammlung haben die Leute Bilder im Kopf. Ihnen fällt sicher die eine oder andere Geschichte ein ... Für eine dieser Erinnerungen sollen sie sich dann entscheiden und sie aufschreiben (maximal 20 Minuten/ eineinhalb Seiten).

Die Methode ist auch sehr wirksam, wenn man allein für sich ein Thema erarbeiten möchte. Das Clustern sammelt die Ideen, hält sie fest und strukturiert gleichermaßen.

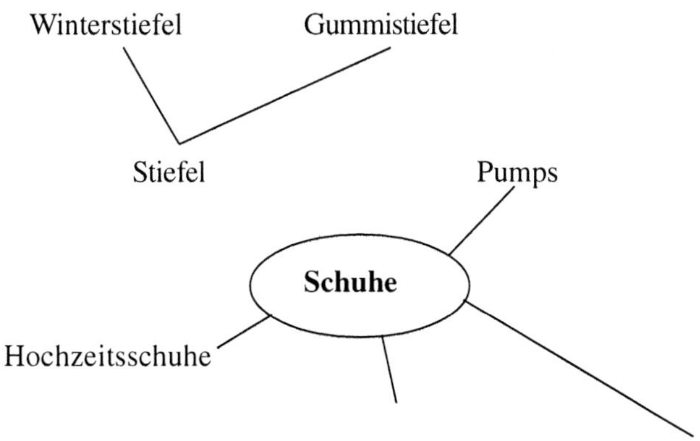

Petra Dahlemann

Themen

Auf dieser Seite finden Sie eine kleine Auswahl von Themen, zu denen in unseren Seminaren bisher geschrieben wurde. Die Auswahl des Themas hat natürlich mit dem Grad der Vertrautheit der Gruppe zu tun und mit dem, was Sie als LeiterIn wollen. Hier einige Beispiele:

Anfänge ...

Sehr gute Erfahrungen haben wir mit dem Thema „Ein Anfang in meinem Leben“ gemacht. Es gibt hier eine große Bandbreite von Möglichkeiten für die TeilnehmerInnen: die erste Tasse Kaffee, der erste Kuss, das erste Mal Kino, das erste Kind, aber auch dramatische Änderungen der Lebensumstände. Die Schreibenden können gut steuern, wie viel sie der Gruppe anvertrauen möchten. Heitere Texte sind ebenso möglich wie ernste. Auch wenn sich der Text mit persönlichen, dramatischen Krisen oder Wendepunkten befasst, liegt der Fokus durch die Themenvorgabe beim Neubeginn, nicht beim Abschied. Häufig ruft das Thema den Schreibenden auch in Erinnerung, dass sie schon einmal eine schwierige Situation gemeistert haben.

Schönheit

Ein oft erheiterndes Thema ist „Mode“ oder „Schönheit“: Es entwickeln sich biografische Erinnerungen, die von Kleidungsstücken, Schuhen, Seidenstrümpfen, schminken usw. ausgehen. Hier entstanden schon wundervoll witzige, ironische, geistreiche Texte, die nicht nur etwas mit Lebensgeschichte, sondern auch mit Zeitgeschichte zu tun haben. Oder sie beschäftigen sich mit Familiengeschichte: Mode bewegt sich oft zwischen Anpassung und Exzentrik!

Spiritualität

Wir möchten Sie ermutigen, auch mit Themen zu arbeiten, die nach ganz persönlichen und emotionalen Dingen fragen. Tief beeindruckt waren wir zum Beispiel von den Ergebnissen einer „Hausaufgabe“, die wir unserer Schreibgruppe gaben: Wir baten sie, über „spirituelle Erlebnisse" zu schreiben. Dabei fassten wir den Begriff so weit, dass sich auch Menschen angesprochen fühlen konnten, die sich nicht als gläubig bezeichnen würden. Nach Otto Graf Dürckheim gibt es spirituelle Erlebnisse nicht nur im explizit Religiösen, sondern auch in der Kunst, in der Natur, in der Erotik und überhaupt in menschlichen Begegnungen. Ein spirituelles Erlebnis bedeutet: Etwas berührt mich, es ist mehr als alltägliche Wahrnehmung und es kann ein kurzer Moment des Glücks und des Einsseins mit mir selbst und mit dem, was über mich hinaus geht, sein. Die TeilnehmerInnen kamen zum nächsten Treffen mit sehr ehrlichen und berührenden Texten, in denen sie ihre Zweifel und ihr Ringen mit sich selbst nicht verschwiegen. Auch die Vielfalt der Themen beeindruckte uns: Von einem Text über eine tiefe menschliche Begegnung über ein Naturerlebnis bis hin zu einer Meditationserfahrung fand sich alles wieder.

Gefühle

Sehr überraschend ist es für TeilnehmerInnen, wenn sie gebeten werden, über ein „Gefühl" zu schreiben. Gemeint ist nicht die Erzählung einer Situation, sondern nur die Beschreibung der Innenwahrnehmung eines Gefühls. Pur. Was passiert im Körper, was im Kopf ... Dazu sammelt man zuerst mögliche Gefühle, schreibt die Begriffe auf Zettel oder an die Tafel und lässt die Teilnehmenden dann wählen. Bei diesem Thema entstehen oft sehr intensive, dichte Texte, die von den Schreibenden auch später noch sehr geliebt werden. Dieses Thema empfehlen wir für Gruppen, die sich schon etwas kennen und Vertrauen zueinander haben. Für die Besprechung ist zu beachten, dass man möglichst nicht die sprachlichen Aspekte bespricht oder gar bewertet, sondern sich auf den Inhalt konzentriert. Denn hier sind auch beim Lesen intensive Gefühle im Spiel, und die Lesenden sind sehr verletzlich.
Wenn die Gruppe einen gewissen Grad der Vertrautheit erreicht hat, trauen Sie sich ruhig an „Themen mit Tiefgang" heran. Schließlich geht es um Erinnerungsarbeit, die sich nicht im nostalgischen Erzählen von Anekdötchen erschöpft, sondern die den roten Faden im Leben zum Thema hat, und auf das zielt, was heute für die Schreibenden wichtig ist. Hier ist eine Auswahl von weiteren Themen zur Anregung. Sicher fallen Ihnen noch viele andere ein.

Individuelle Geschichte

- Orte meines Lebens
- Räume meiner Kindheit (Küche, Wohnzimmer, Bad ...), Nachbarschaft, Umgebung (z.B. „die Bleichwiese“)
- Kinderspiele, Spielsachen, Lieder
- Schulzeit und andere Lebensphasen
- Menschen, die mich geprägt haben
- Freunde
- Wendepunkte in meinem Leben (Heirat, Kinder, wichtige Ereignisse ...)
- Ausflüge, Reisen
- (Glaubens-)Sätze, die mein Leben geprägt haben
- Ein Anfang in meinem Leben
- Gegenstände, mit denen mich eine Geschichte verbindet
- Spirituelle Erfahrungen (im weitesten Sinn)
- Ein Gefühl und eine Geschichte dazu

Familiengeschichte

- Menschen aus meiner Familie (nicht unbedingt die Eltern, das ist oft ein schwieriges Thema)
- Familienfeste
- Traditionen meiner Familie
- Arbeiten mit einem Stammbaum

Zeitgeschichte

- Alltagstätigkeiten (Brot backen, waschen, Büroarbeit ...)
- Rezepte, Hausmittel
- Arbeit
- Mode / Schönheit (Frisur, Kleidung, Make up, Schmuck ...)
- Ausgehen (Tanzen, Kino ...)
- Anstandsregeln
- Politische Ereignisse
- Kultur / Alltagskultur
- Werte und Glaubenssätze

Textformen

Wir möchten Sie ermutigen, als Gruppe auch mit verschiedenen Textformen zu experimentieren. Gehen Sie dabei einfach von Ihren eigenen Leseerfahrungen aus. Bringen Sie Textbeispiele mit, die Ihnen gefallen haben: Gedichte, Romananfänge, Fragmente... Wenn Sie mit den Textsorten variieren, bringt das mehr Vergnügen ins gemeinsame Arbeiten. TeilnehmerInnen sind verschieden, genauso wie ihre Sprache oder ihre Themen. Manche lieben es „blumig“, manche gedankenschwer, manche fassen sich gern kurz, anderen liegt die große Form. Die Ausdrucksmöglichkeiten der verschiedenen literarischen Gattungen kommen diesen Wünschen und Begabungen entgegen. Manche Textsorten bieten sich an, weil sie so schön „klein“ sind. Sie sind geeignet, wenn nicht mehr viel Zeit ist, wenn die Gruppe müde ist, oder wenn ein Thema „auf den Punkt“ gebracht werden soll. Hier einige Beispiele:

Kurzprosa

Das heißt: Fließtext von höchstens einer Seite Länge. Das ist für die Gruppenarbeit wahrscheinlich die am häufigsten gewählte Form. Sie bietet sich an für die Schilderung von Momentaufnahmen, bedeutsamen Augenblicken, Erinnerungsbruchstücken oder kurzen Szenen. Da diese Form auch beim Lesen ausgesprochen angenehm ist, sollte sie besonders den TeilnehmerInnen gezeigt werden, die sonst seufzend vor einem Berg von Erinnerungen und Familiengeschichte sitzen und nicht wissen, wo sie anfangen sollen. Die große, buchähnliche, chronologische (Auto-)Biografie ist für Laien (und ihre Leser) meist „tödlich“. Wenn nach und nach eine Reihe von Kurzprosatexten erarbeitet wurde, kann bequem, nach Lust und Laune, nach Zeit und Einfall, etwas hinzugefügt werden. Es ist jederzeit möglich, thematisch passende, neu entstandene Texte dazwischenzuschieben.

Beispiele aus der Literatur sind viele Werke von Marie Luise Kaschnitz, Franz Hohler und Gerold Späth.

Gedicht

„Hände weg vom Gedicht" ist man versucht zu sagen. Bei dieser Gattung sind Schulängste, Schulerfahrungen und die hohen Ansprüche an sich selbst besonders prägend. Die Form fordert den Schreibenden in der Tat einiges ab, wenn es nicht peinlich werden soll. Falls Sie es doch probieren mögen: Kein zwanghaftes Reimen! Reimlose Prosagedichte, wie sie für die Literatur des 20.Jahrhunderts typisch sind, stellen eine gute Form dar. Sehr gute Erfahrungen haben wir auch mit der Nachahmung des japanischen Haiku gemacht, einem kurzen reimlosen Dreizeiler (Beispiele in Anthologien bei Reclam und dtv) und seinem deutschen „Ableger", dem „Elfchen", einem reimlosen Fünfzeiler aus elf Wörtern:

–
– –
– – –
– – – –
–

Das Erste und das letzte Wort können gleich sein. Sie können Elfchen zur Familiengeschichte, sprich über Personen, schreiben lassen, über Jahreszeiten oder über das Seminar, sozusagen als Feedbackrunde ... Es gibt Möglichkeiten ohne Ende. Die normale Schreibzeit beträgt fünf Minuten, die Lesezeit eine Minute pro Person. Sie werden von den poetischen, zarten Gebilden überrascht sein.
Hier zwei Beispiele aus unserer Gruppe:

Kindheit
Schwere Träume
Fragen über Fragen
Ob Gott mich liebt?
Kindheit

G.Z.

Winterblau
Wolken licht
Fluss im Eis
Schnee im hellen Sonnenglanz
Winterblau

G.Z.

Fragment

Das heißt: Es ist ein unvollständiger Text, ein Anfang, ein Textsplitter, ein Gedankensplitter, ein extrem kurzer Text, der nicht Gedicht ist. Literarische Vorbilder findet man beispielsweise in der Literatur der Romantik. Wir haben die Form erprobt beim Thema „Fragmente meines Frauenlebens" und waren sehr verblüfft über die Totalität des Gesamteindrucks, wenn viele Fragmente, viele Kleinsterinnerungen sich zusammenfügen. TeilnehmerInnen fühlten sich entlastet und befreit durch diese Form, die keine Vollständigkeit verlangt. Ihre Sprache, ihre Schilderungen wurden präzise, treffend und bewegend zugleich.

Hier ist ein Auszug aus einem Text mit zeitgeschichtlicher Themenstellung:

Ich erinnere mich ...

Ich erinnere mich an den Fliegeralarm – einmal Voralarm, einmal Hauptalarm. Noch heute habe ich das Geräusch der Flieger im Kopf. Ich denke dabei an den Volksempfänger, den wir im ausgebombten Keller hörten.

Ich erinnere mich daran, dass Vater, die Brüder und ich am Kellereingang standen und dass in der Ferne am Himmel viele, viele Bomben durch die Luft flogen.

Ich erinnere mich an einen großen, schwarzen Mann, mit weißen Zähnen, Kaugummi kauend und lachend. Er kam in unseren Bunker und schenkte uns Kindern Schokolade. Der Krieg war zu Ende.

Ich erinnere mich an meine und meiner Brüder Sandalen. Vater hatte sie aus alten, schwarzen Gummireifen anfertigen lassen.

M.H.

Essay

Es ist ein kurzer oder längerer Prosatext, der wiedergibt, was ich denke und warum ich so denke. Es handelt also von Ansichten der Welt oder gemachten Erfahrungen. Wie habe ich früher darüber gedacht und wie heute? Manchmal kann das in der Erinnerungsarbeit auch eine sehr reizvolle Form sein. Das Schöne, aber auch die „Gefahr" von biografischem Schreiben ist ja oft das völlige Aufgehen, Zurückgehen, Sich-Einlassen auf die zurückliegende Erfahrung und das Kinder-Ich, die Jugendliche, die ich einmal war. Im Essay behält man Abstand zum eigenen Erleben, das reflektiert wird. Man bleibt ganz und gar im Erwachsenen-Ich. Texte solcher Art können für Einzelne oder auch für die Gruppe entlastend und „erholsam“ sein, wenn intensive Phasen sehr persönlichen oder aufwühlenden Arbeitens hinter ihnen liegen.

Erzählung

Die Kurzgeschichte oder Erzählung ist eine sehr anspruchsvolle literarische Gattung, die wir nur „Fortgeschrittenen“ empfehlen möchten. Die Arbeit an Spannungsbogen, Figurenzeichnung, Anfang und Ende des Textes ist doch sehr schwierig. Wohl aber kann man sich von Anfang an bei den Erzählungen der Weltliteratur einiges an Sprachmitteln abgucken. Textanfänge anzuschauen ist überaus lehrreich: wie Leser durch Informationen und das Zurückhalten von Informationen in den Bann gezogen werden können, Personenzeichnungen, Rhythmus und Tempo von Texten, Fragen von Beschleunigung und Verlangsamung, die verschiedenen Möglichkeiten von Erzählperspektiven. Besonders gut kam in unseren Kursen das Sprachmittel des *Inneren Monologs* an, wie etwa in der Schnitzler-Erzählung „Fräulein Else“ – alle Ereignisse werden radikal nur aus der Innensicht einer Person erzählt. Das führt schnell zu der Frage: *Wie* nehmen wir eigentlich wahr? In welcher Sprache denken wir? Texte, die versuchen das wiederzugeben, ziehen ihre Zuhörer und auch den Schreibenden selbst in die tiefste Tiefe des eigenen Erlebens. Sehr reizvoll kann es auch sein, sich in eine andere Person der eigenen Familiengeschichte hineinzudenken, aus ihren Augen zu sehen, mit ihren Ohren zu hören ... Da tauchen vielleicht ganz neue Fragen auf.

Umgekehrt ist das Schreiben in der dritten Person eine interessante und wirkungsvolle Art, auch über selbst Erlebtes zu berichten. Dies gilt besonders bei „heiklen“ Punkten, wie Erinnerungen, die schmerzhaft sind und sehr berühren. Vielleicht ist da ein starker Wunsch nach Ausdruck, aber auch eine große Angst, das Erlebte zu Papier zu bringen. Das Schreiben in der „er/sie“-Form schafft Distanz und entlastet.

Hinweise über die sprachlichen Mittel kann man vielen Büchern zum Thema „Kreatives Schreiben“ entnehmen. Wir empfehlen: Fritz Gesing: „Kreativ schreiben – Handwerk und Techniken des Erzählens.“ Köln 1994.

Sätze

Auch die bildenden Künste arbeiten in unseren Tagen verstärkt mit persönlichen oder zeitgeschichtlichen Erinnerungen. Es lohnt sich, im Museum die Augen offen zu halten und dann und wann mutig nachzuahmen. In Frankfurt im „Museum für Moderne Kunst“ beispielsweise gibt es eine Rauminstallation von Ilja Kabakov mit dem Titel „Rope of life“. An einem gespannten Faden hängen Sprachfundstücke aus Alltagssituationen. Dies sind belanglose oder bedeutungsvolle Sätze, die aus dem Zusammenhang gerissen, auf Zetteln notiert und anschließend mit einem Gewicht (ebenfalls Fundstücke) versehen wurden ... Wir haben „Rope of life“ methodisch vielfältig eingesetzt, manchmal zu Kursbeginn („Ein Satz, der mir in der letzten Woche wichtig war“, „Ein Satz, der mein Leben prägte“), in der Familiengeschichte („Welchen Satz verbinde ich mit dieser Person?“) oder am Seminarende („Welcher Satz aus dem Seminar wurde für mich wichtig?“). Nach dem Aussprechen in der Runde wurden die Sätze auf Zettel geschrieben, aus bereitgestellten Materialien ein Gewichtchen gewählt (ein Stein, Holz, Feder, Blume, Stück Orangenschale oder ähliches) und dann beides an den gespannten Faden gehängt. Das sieht auch schön aus!

Petra Dahlemann

Sprachliche Tipps

Was macht einen Text eigentlich „gut“? Was ist das: „gut“? Viele Menschen, die als Erwachsene (wieder) beginnen zu schreiben, leiden an den Regeln und Vorschriften, an die sie sich noch aus der Schulzeit erinnern. „Gut“ würde also heißen: „korrekt“. Mit der Freiheit der Literatur hat das wenig zu tun, vor allem wird es nicht der Tatsache gerecht, dass jeder Mensch seine ganz eigene, persönliche Sprache hat und haben darf. Ja sogar, dass jeder einzelne Text eigentlich eine eigene Sprache spricht.

Wir haben daher in unseren Kursen die Wörter „richtig“ und „falsch“ ganz aus unserem Wortschatz verbannt und fragen vielmehr jeweils: Was ist hier die Wirkung? Erlaubt ist alles, was gefällt, aber unterschiedliche sprachliche Mittel wirken einfach unterschiedlich. Sie werden sehen, dass Sie und Ihre TeilnehmerInnen sich da sehr schnell einhören. Wenn jemand einen Text vorliest, könnten Sie darauf achten: Kann ich mir das vorstellen? Entstehen Bilder, entsteht „Kino“ im Kopf? Auch: Wo werde ich beim Zuhören müde und zerstreut? Oft gibt es dafür auf der Textebene einen Grund, etwa weil oft sprunghaft das Thema gewechselt wurde. Lauschen Sie einfach, lauschen Sie in sich hinein und vertrauen Sie Ihrem (Sprach-)Gefühl. Im Gespräch mit der Gruppe kann man gut herausfinden, wie ein Text noch wirkungsvoller gemacht werden könnte, wie er noch mehr zu sich selbst kommen könnte – und die/der VerfasserIn zu ihrer/seiner Sprache!

Hier haben wir Ihnen ein paar Tipps zusammengestellt, mit denen wir in unseren Seminaren an den Texten der Teilnehmerinnen und Teilnehmer arbeiten.

Das Beschreiben von Sinneseindrücken wie Gerüche, Formen, Farben, Geräusche, ein Gefühl auf der Haut ... bewirkt bei den Lesern „Kino im Kopf“.

Denselben Effekt hat die Beschreibung genauer Details: Kleidung, Frisuren, Stoffe, Eigenschaften ... Genauigkeit in ein, zwei Kleinigkeiten reicht für das „Kino im Kopf“. Es ist die Lust der Leser hier weiterzudenken und sich das restliche „Bild“ selber auszumalen.

Ein wichtiges Prinzip ist: Zeigen, nicht behaupten! Es ist schöner, wenn die Leser selber entdecken: „Aha, diese Person im Text ist neugierig oder wütend.“,als wenn da schon im Text steht: „Er schaut neugierig in den Schrank...“

Als Erzählzeit wirkt das Perfekt („Ich bin gefahren“) oft lebendiger und natürlicher als das literarisch empfundene Präteritum bzw. Imperfekt („Ich fuhr“). Sehr reizvoll ist es, im Präsens zu erzählen („Und da fahre ich also...“) – es nimmt den Leser mitten hinein ins Erzählen. Allerdings wirkt das Präsens auch beim Schreiben direkter, dichter dran – Es kann psychisch schwierig sein bei Ereignissen, die uns zusetzten.

Auch eine Geschichte, die einem selbst passiert ist, kann man in der dritten Person erzählen („sie“ und „er“, statt „ich“). Das ist für den Leser genauso reizvoll, da es beim Schreiben „Luft“ verschafft, die nötige Distanz, um auch bewegende, schmerzhafte Ereignisse ausdrücken zu können . Dies ist ein guter „Trick“ bei Texten, die einem schwerfallen.

Vorsicht mit „leeren“, rein wertenden Adjektiven wie „schön“, „wunderbar“, „herrlich“! Der Leser weiß nicht, warum etwas schön ist. Das Bild im Kopf bleibt allein beim Schreibenden.

Passiv-Formulierungen wirken sehr distanziert. Der Text wird dadurch sehr technisch beschreibend und die Leser werden allzu allein gelassen mit der spannenden Frage, von wem denn nun eigentlich „der Truthahn aufgeschnitten“ oder“ das Rad repariert“ wurde. Genauso wie bei „Man“-Formulierungen weiß man dann nicht, wer der Akteur ist.

Substantivierungen machen das Zuhören und Lesen mühsam. Sie lassen sich durch Verben in Handlung „verflüssigen“.

Texte kann man durch Satzzeichen gestalten. Gedankenstriche, Punkte oder einfach Leerstellen im Text können zum Beispiel wirkungsvolle Pausen schaffen und das Tempo verlangsamen. Es müssen auch nicht immer drei Punkte sein .....

Auch Verben können mal wegbleiben oder im Infinitiv verwendet werden (Schwimmen hinein in das Mondlicht ...). Keine Angst vor unvollständigen Sätzen!

Direkte Rede macht einen Text lebendig. Es ist für die Leser schöner, andere im Original zu hören. Alltagssprache und auch Dialektausdrücke machen einen Text lebendig, auch wenn sie erklärt werden müssen. Erklären muss man manchmal auch ältere, nicht mehr gebräuchliche Wörter.

Ein Text kann die Verbindung zum Heute herstellen: Was bedeutet mir das heute? Wie beurteile ich es aus meiner heutigen Sicht?

Reizvoll ist ein verblüffender, „geheimnisvoller“ Anfang. Den erzeugt man unter anderem, indem man Informationen eine Zeit lang zurückhält.

Es muss nicht chronologisch erzählt werden. Interessant ist es, mit Rückblenden zu arbeiten oder einzelne Episoden herauszugreifen, diese genauer zu erzählen, und dafür an anderer Stelle zu raffen. Viele Informationen können indirekt gegeben werden.

Eine Person und ihr Leben kann man durch ein Detail, eine Sache charakterisieren.

Manchmal macht sich auch eine knappe, emotionslose, kühle Sprache gut (Kaschnitz!).

Der Text muss nicht immer lang sein. Auch sehr kurze Skizzen von wenigen Zeilen sind reizvoll. Ein Text kann niemals alles erzählen. Es geht um den Mut zur Lücke, zum Patchwork und um die Konzentration auf das Wesentliche. Fragmentarisches, konkret und lebendig erzählt, bewirkt beim Leser mehr als ermüdende Versuche „alles zu erzählen“. Kleine Texte können später wie ein Puzzle zusammengesetzt werden.

Zu guter Letzt noch ein Buchtipp: Rolf Schneider, Deutsch fürs Leben – Was die Schule uns zu lehren vergaß. Erhältlich als rororo Taschenbuch.

Rolf Schneider war lange Jahre Chef der Hamburger Journalistenschule und gibt anschauliche Anregungen zum leserfreundlichen Schreiben. Und was das Wichtigste ist: Das Buch ist selbst leserfreundlich geschrieben, es ist humorvoll, und wir haben es mit großem Spaß gelesen.

Petra Dahlemann

Erzählperspektiven

Beim Schreiben haben Sie die Wahl, aus welcher Sicht Sie das Geschehen erzählen wollen. Man nennt diese Haltung des Erzählers „Erzählperspektiven“. Damit ist nicht so sehr ein „wer“ gemeint, als vielmehr ein „wie“. Angenommen, Sie erzählen davon wie Tante Anna einmal vor der Bäckerei auf einer Bananenschale ausrutschte, von Herrn Schulze liebevoll aufgefangen wurde und ihn später ehelichte. Natürlich könnte man die Geschichte einmal aus Sicht der Bäckerin, dann aus Sicht von Herrn Schulze und dann noch aus Sicht der schönen Äuglein von Tante Anna erzählen. Aber das ist hier nicht gemeint. Konzentrieren wir uns auf Tante Anna.

Die meisten, die anfangen zu schreiben, wählen unwillkürlich das, was man eine *„Personale Erzählperspektive“* nennt. Sie sagen „ich“: „Ich rutschte einmal auf einer Bananenschale aus. Ein hübscher, junger Mann fing mich auf. Das war Herr Schulze. Wir verliebten uns ...“. Genauso gut könnte man alles in der „sie“- Form schreiben: „Tante Anna rutschte aus ... ein Herr im grauen Mantel half ihr auf. Er roch so gut! Sie verliebte sich ...“. Oder man verwendet, ganz verwegen, den *„inneren Monolog“,* also nur den inneren Bewusstseinstrom von Tante Anna. Alles, was außen geschieht, wird nur durch ihre Überlegungen sichtbar: „Autsch! Hilfe! ... Ja, was ist denn das? Aua. Blöde Bananenschale ... oooh. Eine Hand! Ja, wer ... hmm. Der sieht ja gut aus!“ Dies ist eine schwierige, aber reizvolle Methode. All diesen Varianten haben eines gemeinsam: Wir sehen die Welt nur mit den Augen *eines* Menschen. Was in anderen Personen vorgeht, weiß weder die Figur, noch der Erzähler, noch die LeserInnen. Diese Erzählhaltung lädt sehr zur Identifikation mit der Figur ein. Wir versetzen uns in ihre Lage. Ein enges Bündnis zwischen Autor und Leser wird geschlossen. Dabei wirkt die „Er/Sie“-Form etwas distanzierter als das „Ich“.

Eine andere Möglichkeit ist der *„auktoriale Erzähler“*. Gottähnlich und allwissend schwebt er über dem erzählten Geschehen. Er kann in alle Figuren hineinsehen, er weiß die Gefühle aller Beteiligten und er kennt ihr Gestern und ihr Morgen: „Es war Montag früh. Die Bäckerin hatte gerade Krach mit ihrem Mann gehabt und putzte nun missmutig ihren Laden, als Tante Anna um die Ecke kam, ganz gedankenverloren. Da rutschte sie aus, auf einer Bananenschale, und fiel mitten in die helfenden Hände des Herrn Schulze. Dem gefiel Annas Augenaufschlag sogleich. Sie wussten es beide noch nicht, aber ein Jahr später würden sie verheiratet sein." Viele Romane des 19. Jahrhunderts sind so geschrieben. Thomas Mann schrieb so, und heute sind es vor allem amerikanische Autoren, die diese Erzählhaltung schätzen. Ein ganzer Kosmos tut sich auf.

Das Gegenteil davon ist die *„neutrale Erzählperspektive"*. Hier könnte man sich eine Kamera vorstellen, die ungerührt und sachlich all das aufzeichnet, was man sehen kann. Von Psychologie und Innensicht versteht so eine Kamera natürlich nichts. Hier gibt es nur äußeres Geschehen. Viele Krimis sind so geschrieben, denn diese Schreibweise ist für die Leser sehr spannend. Hier muss und kann man selber mitdenken, und das ist für uns alle vergnüglich: „Die Bäckerin drehte gerade das „Geöffnet"-Schild um und schaute die Straße hinauf. Eine Frau im langen Mantel kam um die Ecke, mit schnellen Schritten und den Blick starr nach vorne gerichtet. Plötzlich rutschte sie aus und fiel auf die Straße. Ein Mann von der gegenüberliegenden Seite kam eilig hinüber. Er reichte ihr die Hand, half ihr auf und sah dabei lange in ihre Augen ...". Wir ahnen: Oho! Da kommt was!

Übung

Um diese Erzählperspektiven kennen zu lernen und einzuüben und damit das eigene Spektrum zu erweitern, kann man einmal ein und dieselbe Geschichte in verschiedenen Varianten schreiben. Entweder man erfindet gemeinsam einen kurzen Ablauf, oder man sucht sich beispielsweise unter „Vermischtes" eine kleine, skurrile Geschichte aus der Zeitung. Dann einigt man sich in der Gruppe, wer welche Erzählhaltung wählt und schreibt. Das Ergebnis kann verblüffend sein – Es entstehen so viele Blickwinkel, so viele ergänzende Informationen, die mal kühl und sachlich sind, mal intensiv und manchmal ein wahres Psychogramm der Figur ergeben.

Für das biografische Schreiben ist diese Technik relevant, um beispielsweise bei sehr bewegenden, unter Umständen schmerzhaften Erinnerungen eine Erzählweise wählen zu können, die mir genügend Halt und Sicherheit gibt. Schon beim Schreiben, aber auch für den Zuhörer und Leser.

Zu den Zeichnungen

Auktorialer Erzähler

„Der liebe Gott sieht alles“
(Gott=Erzähler)
Er sieht vom Himmel aus Hund, Katze, Maus, die geheimsten Geheimnisse, Gegenwart, Vergangenheit und Zukunft. Einfach alles. So ein Angeber!

Neutraler Erzähler

Die Kamera beobachtet von außen und ist ansonsten blöd. Den Rest muss der Leser sich denken. Dies ist eine gute Methode für Krimis.
(Kamera = Erzähler)

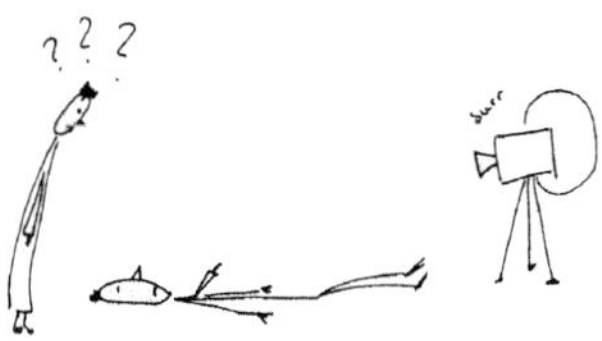

Personaler Erzähler

Wir sehen die Welt mit den Augen einer Person. Wir sehen in ihr Herz und Hirn. Wir sehen, was sie sieht. In die Hirne anderer Leute sehen wir nicht. Keiner weiß, was die Maus denkt.

Petra Dahlemann

Texte in eine Ordnung bringen

Häufig kommen Menschen in unsere Seminare, die dabei sind, ihre Erinnerungen für die Familie aufzuschreiben und sich von der Fülle ihrer Erinnerungen fast erschlagen fühlen. Sie wissen nicht, wie sie eine Struktur in alles bringen sollen. Wir raten dann zu kleinen Texten, die sich jeweils mit einem konkreten Erlebnis, einem Menschen oder einem Ort befassen. Es sollten Texte von etwa zwei Seiten Länge werden. Diese Texte kann man dann ich verschiedene Strukturen bringen, je nachdem, was sinnvoll erscheint. Die langweiligste Form der Gliederung ist nach unserer Ansicht die chronologische. Es ist äußerst schwierig und erfordert literarisches Können, mit der Kindheit zu beginnen und das ganze Leben zu erzählen, ohne seine Leser zu langweilen.

Ebenfalls zum Scheitern verurteilt ist oft der Versuch, das eigene Leben möglichst vollständig darzustellen. Haben Sie Mut zum Patchwork-Buch! Hauptsache, es gibt eine nachvollziehbare Struktur, anhand derer sich die Leser zurechtfinden. Schreiben Sie kleine Texte, die Stück für Stück das Mosaik eines Lebens entstehen lassen, vielfältig und kurzweilig zu lesen.

Meistens entsteht die Struktur aus dem, was Menschen schreiben. Die meisten haben eine gewisse innere Logik, nach der sie schreiben und die sich nach dem richtet, was für sie selbst in ihrem Leben wichtig war und ist. Wir meinen, Gruppe und LeiterIn lernen am meisten, wenn alle das mitbringen, was sie schon haben. Jeder hat ein individuelles Ordnungsproblem und deshalb ist es schwierig, Gliederungen vorzugeben. Die meisten haben aber schon ein paar Ideen und deshalb kann die Gruppe viel voneinander lernen und gemeinschaftlich weiterarbeiten.

Hier sind einige Beispiele, wie TeilnehmerInnen ihre Textsammlungen gliedern können:

Familien-Erinnerungen

Zu Anfang kann ein Stammbaum gezeichnet werden, als Überblick der Familie. Dieser kann auch wirklich die Form eines Baumes haben. Er muss nicht vollständig alle Familienmitglieder enthalten.

Wichtig ist, dass der Leser diejenigen, über die erzählt wird, einordnen kann (Wer war mit wem verheiratet? Wer ist wessen Sohn oder Tochter?) Er könnte zum Beispiel auf einem DIN A3-Blatt aufgezeichnet werden, das zusammengefaltet wird. Man kann ihn mit Fotos ergänzen, zeichnerisch ausgestalten und anderes mehr.

Werden Geschichten über Familienmitglieder erzählt, kann man sich auch auf einzelne Linien konzentrieren, wie beispielsweise die mütterliche, die väterliche Seite oder nur die Frauengestalten der mütterlichen Seite.

Erzählt man ausschließlich über Frauenleben oder Männerleben in der Familie, kann man einzelne herausgreifen, etwa meine Großmutter und eine ihrer Schwestern, Tante Clara sowie deren Tochter oder meine Tante Sophie. Diese Frauen müssen dann im Stammbaum deutlich zu finden sein.

Persönliche Biografie

Wenn Sie dennoch eine chronologische Gliederung, zum Beispiel anhand von Lebensphasen, möchten, sollten innerhalb dieser spotlichtartig einzelne Geschichten das beschreiben, was für den Erzähler oder die Erzählerin wirklich wichtig war. Wir raten aber gern zu anderen Formen der Gliederung, etwa einem Kapitel über Orte, eines über wichtige Menschen, eines über Anfänge ... Dann entsteht keine chronologische Reihenfolge. Für die Leser ist das oft wesentlich kurzweiliger.

Zeitgeschichte

Wem es wichtig ist zu erzählen, wie er oder sie Zeitgeschichte erlebt hat, kann sich natürlich auch nach politischen Ereignissen und kulturellen Epochen richten. Also beispielsweise Krieg und Vertreibung, die Nachkriegszeit, das Wirtschaftswunder ... oder auch Kulturelles: Jazz in München, Rock‘n Roll, die Zeit der ersten Kinopaläste und was dann kam ...

Innerhalb dieser Phasen geht es dann wieder um die ganz persönlichen Erlebnisse, die Geschichten und ihre Bedeutung für die Schreibenden.

Ein Kapitel sollte niemals alles enthalten, was „man erzählen könnte“. Es sollte nur das wiedergeben, was dem oder der Schreibenden präsent und wichtig ist. Das kann ruhig fragmentarisch sein. Ein Beispiel wäre:

Orte
  Brotbacken im Dorf
  Auf der Flucht
  Freundschaft mit einem See
  Großstadt

Menschen
  Großvaters Schrebergarten
  Lehrer Mittermeier
  Mein Freund Thomas
  Tante Elly

Anfänge in meinem Leben
  Der Schulanfang
  Mein Berufsbeginn
  Der Führerschein
  Lina, die Erstgeborene
  Das erste Konzert

Kurze Texte, die kleine, für den Autor oder die Autorin wichtige Episoden beschreiben, können so wie Puzzleteile zu einem Ganzen zusammen gefügt werden. Sehr zur Freude der LeserInnen.

Sabine Sautter

Projekte aus der Biografiearbeit

Zeitschreiber
- Erinnerungen – Texte – Lesungen

Das Münchner Erzählcafé
- Geschichten, die das Leben schreibt

Erinnerungen – Texte – Lesungen

„Zeitschreiber" heißt ein Projekt, das aus unserer Textarbeit entstanden ist. In mehreren Jahren biografischer Schreibseminare erlebten wir das gemeinsame Staunen und die Freude an der zunehmenden Qualität der Texte, mit der auch der Mut zu Offenheit wuchs. Viele der entstandenen Texte gefielen uns so gut, dass wir sie zu schade „für die Schublade" fanden. Wir wünschten den Texten ein Publikum, das sich von ihnen ebenso begeistern, anrühren oder zum Nachdenken bringen lassen würde wie wir. Das war die Geburtsstunde des Projektes „Zeitschreiber".

Wir, das sind Petra Dahlemann und Sabine Sautter, luden 18 ältere Menschen ein, mit uns ein Jahr lang biografische Texte zu schreiben, in bewährter Weise an ihnen in der Gruppe zu arbeiten, und dann diese Texte anderen vorzulesen und darüber zu sprechen. Dies konnte im Unterricht für Deutsch als Fremdsprache, also im Gespräch mit MigrantInnen geschehen, im Geschichtsunterricht an Gymnasien, in Frauengruppen, Seniorenheimen, in einer Klasse angehender Erzieherinnen ... Es gab viele Gelegenheiten, Gesprächsthemen und Formen der Lesungen. Allen gemeinsam waren offene Gespräche, persönliche Begegnungen und oft ein Staunen über so viel gelebte Geschichte.

Auf den folgenden Seiten erfahren Sie Genaueres über das „Zeitschreiber"-Projekt. Wir zeigen Ihnen den Projektaufbau, seine Grundsätze und berichten über die Lesungen. Die Arbeit in den, im Projekt enthaltenen, biografischen Schreibgruppen finden Sie in den voran gegangenen Kapiteln umfassend beschrieben.

1. Der Beginn

Festlegen auf ein Jahr

Das Projekt, das derzeit im fünften Jahr stattfindet, wird jeweils offen zur Teilnahme ausgeschrieben. Dabei machen wir von vornherein klar, dass es zur Teilnahme gehört, sich auf eine Mitarbeit für ein ganzes Jahr festzulegen. Natürlich haben auch ältere Menschen familiäre Verpflichtungen, werden krank und fahren in den Urlaub. Aber neben alldem wünschen wir uns eine kontinuierliche Mitarbeit über diesen Zeitraum. Das ist nötig, damit wir gemeinsam einen Pool von Texten erarbeiten können, aus dem dann für die Lesungen, je nach thematischen Wünschen unserer GastgeberInnen und je nach den zeitlichen Möglichkeiten der TeilnehmerInnen, eine entsprechende Auswahl zusammengestellt werden kann. Außerdem bewirkt das kontinuierliche gemeinsame Arbeiten an den Texten eine zunehmende Vertrautheit in der Gruppe, die sich bei Lesungen von zum Teil ja sehr persönlichen Texten vor unbekannten Menschen als hilfreich erweist.

Viele unserer TeilnehmerInnen sind seit mehreren Jahren dabei, und die Mitarbeit in der Gruppe und bei den Lesungen ist nach eigener Aussage ein wichtiger Bestandteil ihres Lebens. Sie melden sich jedes Jahr erneut an. Auch für sie ist es aber wichtig, jedes Jahr erneut entscheiden zu können und auch eine zeitliche Begrenzung ihres Engagements zu haben. Einige haben auch ein oder zwei Jahre ausgesetzt und sind inzwischen wieder dabei. Gleichzeitig achten wir darauf, dass in jedem Jahr eine gewisse Anzahl neuer TeilnehmerInnen dazu kommt, damit die Gruppe in Bewegung bliebt und sich nicht abschließt.

Vorgespräche

Um die Art des Arbeitens im Projekt und die Kontinuität des Arbeitens zu klären, führen wir mit allen Angemeldeten ein Vorgespräch – häufig auch telefonisch. Das tun wir, weil wir sicher stellen wollen, dass die TeilnehmerInnen ihre Texte auch tatsächlich vorlesen und sich dem Gespräch stellen wollen. Bevor wir diese Vorgespräche einführten, kam es immer wieder vor, dass Einzelne trotz klarer Ausschreibung ein Schreibseminar erwarteten, und wir andere abgewiesen hatten.

Planungstreffen

Zum ersten Treffen laden wir dann alle ein, die wir für das Zeitschreiberjahr angenommen haben. Wir stellen einander vor und klären Motivation und Wünsche an das Projekt. Uns Leiterinnen obliegt es, genaue Auskunft über Konzept, Arbeitsweise und Verlauf zu geben. Wir entscheiden gemeinsam, zu welchen Themenbereichen wir arbeiten wollen, ob eher zeitgeschichtlich oder an persönlichen Themen orientiert. Nach diesen Themenbereichen bilden wir zwei bis drei Kleingruppen – dazu im nächsten Absatz mehr. Wir haben gute Erfahrungen damit gemacht, die Termine bereits für das ganze Jahr festzulegen, dann können wir und auch unsere TeilnehmerInnen gut planen. Und weil alle schreiben wollen, muss natürlich beim ersten Treffen ein erster Text geschrieben werden. Diesmal schreiben wir im Seminar, ansonsten gibt es bei den „Zeitschreibern" „Hausaufgaben". Manche der entstandenen Texte sind nach 15 bis 20 Minuten absolut rund und fertig, andere werden zu Hause weiter bearbeitet. Wer möchte, kann den geschriebenen Text vorlesen, und wir sprechen darüber. Nicht alle Texte kommen bei diesem ersten Treffen zum Vorlesen, aber es wird weitere Gelegenheiten geben.

2. Texte erarbeiten

2.1. Arbeitsweise

In der ersten Projektphase werden primär Texte geschrieben und überarbeitet, damit wir für Lesungen auswählen und Passendes zusammenstellen können.

Kleingruppen

Natürlich können wir nicht mit 18 oder 20 TeilnehmerInnen in einer Gruppe intensiv an Texten arbeiten. Wir arbeiten in zwei bis drei Teilgruppen – was für uns Leiterinnen natürlich viel Zeit in Anspruch nimmt, aber der Arbeit an den Texten sehr zugute kommt. Zudem entsteht eine große thematische Vielfalt, wenn sich die Gruppen unterschiedlichen Schwerpunkten widmen. Die Gruppen treffen sich in Abständen von etwa fünf bis sechs Wochen, um ihre Texte zu bearbeiten, Lesungen vorzubereiten und neue Themen zu erarbeiten. Die Treffen dauern in der Regel drei Stunden. Anders als bei Tagesseminaren schreiben wir beim „Zeitschreiber"-Projekt selten im Seminar, nur beim ersten Treffen. Bei den späteren Treffen bearbeiten wir die entstandenen Texte in der Gruppe und geben am Ende jedes Treffens einen neuen Schreibimpuls als „Hausaufgabe".

„Hausaufgabe"

Häufig erarbeiten wir die neuen Themen gemeinsam mit den TeilnehmerInnen. Wir fragen sie nach Wünschen und Ideen, machen gemeinsam Brainstorming und clustern. Auf diese Weise werden Themen in den Raum gestellt, umkreist, geöffnet und wieder eingegrenzt. Im Lauf des Gesprächs, beim Erzählen von ersten Ideen und Erlebnissen, fällt meist allen ein Erlebnis ein, über das sie schreiben möchten. Dieses ist dann die „Hausaufgabe“ für das nächste Mal. Der Text soll nicht länger als eineinhalb, maximal zwei Seiten sein, damit das Zuhören nicht ermüdet und der Text in der Gruppe zu bearbeiten ist. Und immer wieder betonen wir unseren Grundsatz: „Es gibt keine Themenverfehlung!“ Wenn das Thema „Hamstern in der Zeit nach dem Krieg“ war und eine Teilnehmerin einen zauberhaften Text über eine Großtante schreibt, die ihr in diesem Zusammenhang einfiel, dann freuen wir uns, dass dieser Text entstanden ist. Und wir werden sicher eine Gelegenheit finden, ihn in einer Lesung einzusetzen.

Sommerstammtisch

Häufig können wir bei einem Treffen nicht alle Texte, die entstanden sind, bearbeiten. Das kann frustrierend sein, wenn er dem Autor oder der Autorin persönlich wichtig ist, und er oder sie auf das Feedback der Gruppe und das sprachliche Bearbeiten wartet. Daher haben wir in der lesungsfreien Zeit von Ende Juli bis Mitte September den „Sommerstammtisch“ eingeführt. Hier werden abends in lockerer Runde diejenigen Texte bearbeitet, die nicht bei den regulären Gruppentreffen zu Gehör kommen konnten. Weil es bei den „Sommerstammtischen“ keine neuen „Hausaufgaben“ gibt, können auf diese Weise die unbearbeiteten Texte bearbeitet werden.

2.2. Thematische Zugänge

Wir erarbeiten die Texte in verschiedenen, thematisch ausgerichteten Kleingruppen. Die Themenschwerpunkte richten sich vorwiegend nach den Interessen unserer TeilnehmerInnen. Da durch die Arbeit in den Kleingruppen relativ schnell eine intensive Vertrautheit unter den TeilnehmerInnen entsteht, gehen meist auch TeilnehmerInnen aus derselben Kleingruppe gemeinsam zu einer Lesung. Meistens sind es drei Personen. Im Lauf mehrerer Projektjahre haben wir zu unterschiedlichen Themen gearbeitet, einige davon stellen wir Ihnen hier vor.

Zeitgeschichte

In jedem Projektjahr gab es bisher eine Gruppe, die zu zeitgeschichtlichen Themen arbeitete. Viele Ältere wollen ihre Erfahrungen und Erlebnisse weitergeben. Wir unterstützen dies nach Kräften, weil wir immer wieder mit Freude erleben, wie Jugendliche oder auch MigrantInnen an den Lippen der Älteren hängen, interessante Fragen stellen und diskutieren über die Antworten, die so ehrlich, manchmal selbstkritisch und vor allem ohne Belehrung daher kommen.

Wir halten die Texte, die hier entstehen für einen großen, bewahrenswerten Schatz. Texte über Schuhe, die aus alten Gummireifen gefertigt wurden, das Leben in einem englischen Gefangenenlager, Hamsterfahrten, über die ersten Blumen, gezogen in Müslischalen auf dem Fensterbrett, die erste Schokolade, rote Blusen, aus Fahnen genäht ... aber auch Wirtschaftswunder, Rock'n Roll-Ära, Kino, Tanztee und vieles mehr sind Themen von zeitgeschichtlicher Bedeutung.

Es ist gerade die unspektakuläre Alltagsgeschichte, die uns das Fenster öffnet zum Leben in einer Zeit, die wir selbst nicht kennen. Viele Ältere sagen zunächst: „Was hab ich denn schon zu erzählen?“ Und vor allem durch die Fragen Jüngerer erleben sie, wie viel sie zu erzählen haben.

Naturgemäß finden sich in dieser Kleingruppe primär die Älteren unter unseren TeilnehmerInnen. Die meisten sind über siebzig, die Älteste ist einundachtzig.

Persönliche Themen

Meist gibt es eine Gruppe, die in irgendeiner Form zu Themen der persönlichen Erfahrungen und Entwicklungen arbeitet. Die Themen werden gemeinsam ausgewählt. Da geht es beispielsweise um Erfahrungen der Befreiung – der inneren und äußeren – um Entfaltungen und Neuanfänge im Leben. Einen Neuanfang beschreibt zum Beispiel der humoristische Text einer Teilnehmerin, die die Auswirkungen ihres neu erworbenen Führerscheins auf ihr Leben als Familienfrau erzählt. Ein anderer Neuanfang ist die schwierige Aufnahme eines Studiums trotz kleiner Kinder in den sechziger Jahren, als die Frau das schriftliche Einverständnis ihres Mannes benötigte. Texte dieser Art sind bei Lesungen oft Anstoß zum Nachdenken und Anlass zu intensiven Gesprächen – mit Menschen gleichen Alters oder auch mit Jüngeren.

Auseinandersetzung mit Kunst

Ein weiteres Experiment möchten wir an dieser Stelle erwähnen: Mehrere Male haben wir Kunstwerke zum Ausgangspunkt für die Entstehung von Texten gewählt. Weil Petra Dahlemann auch Dozentin für Bildende Kunst ist, lag die Arbeit mit Gemälden nahe – mit zeitgenössischen und älteren. Im Seminar lässt sich das leicht bewerkstelligen mit Kunstdrucken oder einfachen Kunstpostkarten. Wichtig ist dabei, nicht mit Informationen über Maler und Werk das „Kino im Kopf" zu verhindern, sondern offen und frei an das Bild heran zu gehen, sozusagen „unverbildet" zu assoziieren und über die Wahrnehmung und die Stimmung des Bildes eigene Erinnerungen anzustoßen. Auch im Museum ist das möglich. Einen der Texte, „Ketzin", ein Text über die Schönheit und den Verlust von Heimat, entstand beispielsweise vor Monets Seerosen, die in der Münchner Neuen Pinakothek zu sehen sind. Dieser Text wurde mehrmals in Lesungen eingesetzt (Sie finden ihn im Anhang).

Unsere TeilnehmerInnen sagen uns immer wieder, wie wichtig für sie die Impulse und Themenstellungen sind, die sie im Rahmen des Projektes oder anderer Seminare bekommen. Es sind Impulse von außen, die häufig Erinnerungen wieder wach rufen, die vergessen schienen. Kunstwerke bieten eine besondere Chance für solche Impulse: Die Auseinandersetzung vieler Kunstwerke mit den großen Themen des Menschseins, ihr emotionaler Gehalt und die implizit vermittelten Stimmungen geben einen besonderen Zugang zu eigenen Erinnerungen, oft mit besonderer Tiefe.

3. Lesungen

Wenn ein ausreichend großer Pool an Texten erarbeitet ist, beginnen die Lesungen. Das ist meist nach etwa drei bis vier Monaten der Fall, wenn mehrere TeilnehmerInnen schon länger dabei sind auch früher. Der Großteil der Lesungen verteilt sich aber auf das zweite Halbjahr.

Wo finden die Lesungen statt? In unserem Fall häufig im Unterricht für Deutsch als Fremdsprache, in Frauen- und Seniorengruppen, im Geschichtsunterricht und anderem. Die Lesungen bei den verschiedenen GastgeberInnen werden wir weiter unten etwas genauer beschreiben. Zunächst aber einige Grundbemerkungen dazu, wie Sie sich eine solche Lesung vorstellen können.

In der Regel gehen wir in bestehende Gruppen, in einen Unterricht oder einen Gesprächskreis, das heißt, wir richten uns nach den festen Zeiten unserer GastgeberInnen. Wir gestalten mit einer Lesung also ein Treffen, das heißt, eineinhalb oder zwei Stunden, je nach den üblichen Zeiten. Meist lesen drei, maximal vier Personen. Das hat den Vorteil, dass die Vielfalt und Unterschiedlichkeit menschlicher Erfahrungen deutlich wird. Besonders bei zeitgeschichtlichen Texten ist das oft ein wichtiges Ergebnis für die Zuhörenden. Und für die Lesenden ist es schöner, gemeinsam aufzutreten. Nicht selten ergänzen sie sich oder diskutieren mit den Zuhörenden und untereinander.

Es wird zunächst ein Text gelesen. Danach ist Zeit für die Zuhörenden, Fragen zu stellen, eigene Erfahrungen einzubringen und über den Text bzw. das, was er auslöst, zu diskutieren. In der Regel moderiert eine von uns Projektleiterinnen das Gespräch. Die Moderatorin sorgt auch für die Überleitung zum nächsten Text, damit alle zum Zug kommen.

Im Gegensatz zu erzählender Zeitzeugenarbeit sehen wir in der Begrenztheit eines kurzen Textes einen deutlichen Vorteil: Bereits beim Schreiben haben wir daran gearbeitet, uns auf einen konkreten Aspekt zu konzentrieren, die Zuhörer nicht mit einer Fülle an Informationen zu überfordern. Das passiert leicht beim Erzählen – und es kann auch noch in der nachfolgenden Diskussion passieren. Die Arbeit an den Texten sensibilisiert für das Kürzen, und nach den wenigen Minuten des Vorlesens haben zunächst die Zuhörenden das Wort.

So wie beim Erarbeiten der Texte gibt es auch bei der Vorbereitung der Lesungen einige Grundprinzipien:

3.1. Grundprinzipien

Bearbeiten in der Kleingruppe

Es gibt einen eisernen Grundsatz: Kein Text kommt zur Lesung, der nicht in der vertrauten Kleingruppe vorgelesen und bearbeitet wurde. Das Schreiben eines Textes bedeutet immer ein Stück Verarbeitung, das Vorlesen in der Gruppe ein weiteres. Die Kleingruppe ist das Forum, in dem die TeilnehmerInnen erproben, wie es ihnen mit der Veröffentlichung ihres Textes geht. Die Kleingruppe gibt Feedback, wo eventuell Passagen nicht klar verständlich sind, wo Assoziationen aufkommen, die nicht beabsichtigt sind und anderes mehr. Die Leiterinnen helfen mit sprachlichen und formalen Tipps, damit der Text das aussagt, was der Autor oder die Autorin sagen möchte. Erst dann hat der Text „Aufführungsreife".

Dialog

Zentraler Bestandteil des Projektes ist der Dialog. Das bedeutet, dass wir keine Zeitzeugenarbeit machen im Sinne von „junge Menschen oder MigrantInnen fragen – Ältere antworten". Auch unsere TeilnehmerInnen fordern immer wieder den Dialog mit ihrem Gegenüber ein. Ihre Texte sind Anlass für ein Gespräch, sie geben das Thema vor. Wenn es etwa um eine uneheliche Schwangerschaft geht (Text siehe Anhang), möchten die Älteren *auch* wissen, was es für die Jüngeren heute aus ihrer Sicht bedeutet, oder welche Erfahrungen Frauen in Japan, in der Ukraine oder in Afghanistan heute damit machen.

Grundhaltung

Gerade für Lesungen bei Jugendlichen ist also die Grundhaltung der Älteren wichtig. Wir finden es verständlich, dass junge Leute, die von Besserwissenden belehrt werden, in eine Abwehrhaltung gehen. Und wir erleben es immer wieder mit Freude, mit wie viel Offenheit, Ehrlichkeit und Interesse „unsere" Älteren Jugendlichen begegnen. Und weil sie mit ihrer Ehrlichkeit in die Vorleistung gehen, ernten sie offene Fragen und wirkliches Interesse.

Zusammenstellung der Texte

Für die Zusammenstellung der Texte machen wir in der Regel Vorschläge und müssen dann natürlich sehen, ob die Autorinnen, deren Texte wir vorschlagen, auch Zeit und Lust haben. Bei der Reihenfolge der Texte achten wir darauf, einen gewissen Spannungsbogen zu haben. Einen eher ernsten und schweren Text nehmen wir in die Mitte, damit wir keinen zu großen „Knalleffekt" erzeugen, aber auch Zeit haben, um schwierige Fragen zu diskutieren und dies nicht unabgeschlossen stehen bleiben muss. Ein positiv gestimmter, humorvoller Text wird eher den Schluss bilden.

3.2. Formen der Lesungen

Bei unseren Lesungen haben wir es mit unterschiedlichen Zielgruppen zu tun. Die Art der Lesung wirkt sich auf die Auswahl der Texte und die Zahl der Lesenden aus. Und natürlich versuchen wir auf die Vorlieben unserer TeilnehmerInnen Rücksicht zu nehmen: Die Eine ist beglückt von jeder Begegnung mit MigrantInnen, die Andere sucht die Begegnung mit Jugendlichen, während eine Dritte gern ein Gespräch mit Gleichaltrigen anstößt. Allerdings schätzen wir es sehr, dass alle TeilnehmerInnen offen für jede Art von Lesung sind.

In der Regel stellen wir Leiterinnen die Kontakte zu unseren Kooperationspartnern her. Immer eine von uns bereitet die Lesung mit dem Gastgeber vor, bespricht Ablauf und Zielsetzung und moderiert in der Regel dann auch das Gespräch.

Interkultureller Dialog – Unterricht für Deutsch als Fremdsprache

Viele unserer Lesungen finden bei der Münchner Volkshochschule im Unterricht für Deutsch als Fremdsprache statt. Es sollten allerdings Kurse der Mittel- oder Oberstufe sein, sonst ist der Wortschatz zu gering. Viele MigrantInnen leben und arbeiten in Deutschland und lernen hier die Sprache. Selten wissen sie viel über das Land, in dem sie leben und seine Geschichte. Sie freuen sich sehr über eine Begegnung mit Muttersprachlern, vor allem wenn sie ihnen über das frühere Deutschland erzählen können, das MigrantInnen heute als Wohlstandsland kennen lernen. In der Regel wünschen sich besonders Menschen aus anderen Ländern zeitgeschichtliche Themen, vor allem die Kriegs- und Nachkriegszeit.

Die Arbeit mit kurzen Texten hat für MigrantInnen einen besonderen Vorteil: Die DozentInnen bekommen von uns die Texte vorab geschickt und erarbeiten in der Stunde vor der Lesung die sprachliche Ebene und den Wortschatz. So haben die meisten den Text bei der Lesung größtenteils verstanden und die Diskussion gestaltet sich für sie leichter. Trotzdem ist es bei den Texten für den Deutschunterricht wichtig, dass die Texte kurz und verständlich sind. Die

AutorInnen müssen besonders darauf achten, auf lange bzw. komplizierte Sätze zu verzichten und ungewöhnliche Wörter oder Fremdwörter durch verständliche ersetzen. Oft gibt es Extra-Versionen für den Deutschunterricht, damit die oft poetischere Erstversion erhalten bleibt. Wir raten unseren TeilnehmerInnen, beim Schreiben zunächst nicht auf Verständlichkeit für Nichtdeutsche zu achten. Das würde die Kreativität bremsen. Die Vereinfachung muss ein zweiter Schritt sein.

Texte zur Kriegs- und Nachkriegszeit mit Menschen aus anderen Ländern zu diskutieren, erfordert Mut für die Älteren. Häufig müssen sie sich auch Fragen nach Schuld und Verantwortung stellen, die sie vielleicht nicht mal vollständig für sich selbst gelöst haben. Wir machen in diesen Diskussionen aber immer wieder die Erfahrung, dass gerade die Ehrlichkeit und Nachdenklichkeit der Älteren auf Offenheit und Verständnis bei ihren ZuhörerInnen treffen. Häufig sehen diese sich zum ersten Mal mit Geschichten des Leidens und des Zweifels konfrontiert aus einem Land, das sie aus dieser Zeit nur als „Täter" kennen. Aber das wird nur möglich, wenn Schuld und Verantwortung nicht wegdiskutiert werden. Der Text „Eine schreckliche Konfrontation" (siehe Anhang) einer heute 82-jährigen Dame ist immer wieder Anlass zu intensiven Diskussionen – gerade weil sie mit dem „wir haben geahnt, aber nicht gewagt zu wissen" ehrlich umgeht.

Dialog alt & jung

Es sei gleich gesagt: dass die Jungen sich nicht für die Alten interessieren. Wir haben das noch nie erfahren – im Gegenteil. Mehrere Lesungen im Geschichtsunterricht an Gymnasien bestätigen das zum Beispiel. Wir einigten uns mit der Lehrerin oder dem Lehrer auf ein zeitgeschichtliches Thema, das im Unterricht erarbeitet wurde. Die Schülerinnen und Schüler formulierten daraufhin Fragen an uns. Diese enthielten in der Regel gute Themen zum Schreiben, zum Teil waren auch schon passende Texte vorhanden. Im Geschichtsunterricht wurden dann in der Regel drei Texte gelesen, und die Lesenden beantworteten daraufhin sehr interessierte Fragen. In der Regel wünschen sich auch Schülerinnen und Schüler als Thema die Nachkriegszeit. Ein Highlight war auch ein Treffen mit Älteren aus Thürigen und einer zehnten Klasse eines Gymnasiums. Diese Klasse hatte sich die sechziger Jahre gewünscht, „die Zeit des Mauerbaus", und sie wollte viel wissen über das Leben in einem Deutschland, von dem sie nur aus Geschichtsbüchern wissen.

Wir erleben immer wieder den Wunsch der Älteren, mit Jugendlichen Fragen der politischen und gesellschaftlichen Verantwortung zu diskutieren. Die eigene (Leidens-)Geschichte – viele der um die 60-Jährigen haben Flucht und Krieg als Kinder erlebt – und ihre „nie wieder Krieg"-Einstellung machen die zeitgeschichtlichen Lesungen bei Jugendlichen zu einer Gelegenheit für Ältere, gesellschaftliche Verantwortung aktiv zu leben. Eine Frau, die Mutter und Geschwister auf der Flucht verloren hat, kann „nie wieder Krieg" manchmal wesentlich glaubwürdiger sagen als eine Mutter, die sich (natürlich mit Recht) über Gewaltverherrlichung in Kriegsfilmen aufregt.

Aber auch mit persönlichen Texten haben wir gute Erfahrungen im Dialog mit jungen Leuten gemacht. In einer Klasse angehender Erzieherinnen lasen unsere TeilnehmerInnen Geschichten über Geschwister und uneheliche Kinder – Familien-Geschichten, die lange her waren, aber an Aktualität für die jungen Frauen nicht verloren hatten. Die persönliche Offenheit der Älteren und das ehrliche Interesse an ihnen und ihrem Leben ermutigte die jungen Frauen, selbst Texte zu schreiben. Über ihre Lehrerin luden sie die Älteren auf eigene Initiative an ihre Schule ein, bewirteten sie mit selbst gebackenem Kuchen, und es kam zu eine gemeinsamen Lesung von Texten. Es war erstaunlich, wie viel Offenheit die jungen Frauen in ihrer Klasse auf diese Weise wagten.

Eine andere Lesung bei jungen Familienfrauen zwischen 25 und 35 Jahren drehte sich um die Rolle von Frauen mit kleinen Kindern früher und heute, um Partnerschaft und das langsame Entwickeln von innerer und äußerer Autonomie. Beide Seiten stellten fest, dass sich die gesellschaftlichen Verhältnisse zwar erheblich verändert haben, nicht aber die inneren Anforderungen an junge Frauen mit Kindern. Die jungen Frauen zeigten sich beeindruckt von den Lebenswegen der Älteren und ihrer „Weisheit", wie sie es ausdrückten.

Dialog mit Gleichaltrigen und Älteren

Zahlreiche Lesungen haben inzwischen auch in Gruppen Gleichaltriger stattgefunden. Häufig sind das Frauengruppen, aber beispielsweise auch Literaturgruppen, die das Gespräch mit unseren AutorInnen suchen. In der Regel geht es hier um eher persönliche Texte, die Anstöße für nachdenkliche und offene Gespräche geben.

Unsere Erfahrung in Seniorenheimen hat uns gelehrt: Für diese Art des Gesprächs sollten die TeilnehmerInnen geistig noch rüstig sein. Dann kann eine Lesung allerdings sehr befriedigend verlaufen. Schließlich sitzen viele Menschen im Raum, die ähnliches und mehr erlebt haben, die sich selbst erinnern und erzählen können. Weil viele Hochaltrige nicht gewohnt sind, über sich persönlich zu reden, wohl aber gern von ihren Erinnerungen erzählen, eignen sich hier zeitgeschichtliche Texte natürlich besonders. Eine Lesung in einem Seniorenstift hatte zur Folge, dass weniger über die Inhalte der Texte, als über das Schreiben selbst gesprochen wurde – und viele der anwesenden SeniorInnen sagten, sie wollten sich nun selbst hinsetzen und Erinnerungen aufschreiben, die ihnen heute eingefallen seien.

Gottesdienste

Da das Projekt bei einem evangelischen Dachverband angesiedelt ist, zu dessen Mitgliedern die Münchner Kirchengemeinden gehören, lag es nahe, mit interessierten PfarrerInnen zu kooperieren. Wir haben inzwischen mehrere Gottesdienste miteinander gestaltet. Thema der Texte können spirituelle Erfahrungen im weitesten Sinn sein, menschliche Erfahrungen und anderes mehr Nicht alle unsere TeilnehmerInnen bezeichnen sich als gläubig, andere sind sehr kritisch gegenüber ihrer Kirche. Dass manche von ihnen sich an der Gestaltung solch ungewöhnlicher Gottesdienste auch mit kritischen Texten beteiligen, freut uns sehr.

Finissage und kulturelle Events

Jedes Zeitschreiber-Projekt wird zum Jahresende mit einer feierlichen Finissage abgeschlossen. Das bedeutet: Alle, die teilgenommen haben, lesen vor einem größeren Publikum in unseren Räumen einen eigenen Text. Da es in diesem Fall sehr viele Texte sind, wird nicht über sie gesprochen. Die ZuhörerInnen wünschen das auch nicht, sie wollen die Texte nicht zerreden. Häufig entsteht durch die Dichte und die Vielzahl der Texte eine ganz eigene, intensive Atmosphäre.

Wir lesen in drei thematischen Blöcken, die jeweils durch eine Pause getrennt werden. In der ersten Pause gibt es einen Imbiss, Wein und andere Getränke. Schließlich ist die Finissage vor allem ein Dankeschön an unsere TeilnehmerInnen, die sich ein Jahr lang mit ihren Texten gemüht haben, die sich mutig exponiert, sich den Fragen anderer gestellt haben und andere an ihrem Erfahrungsschatz teilhaben ließen. An diesem Abend wird nicht gefragt, dafür aber heftig applaudiert.

In der Regel nehmen an der Finissage etwa 60 bis 70 Personen teil. TeilnehmerInnen aus anderen Seminaren, die unsere Arbeit kennen, und Angehörige und Freunde unserer Projekt-TeilnehmerInnen.

Da wir mit dieser Form der Veranstaltung gute Erfahrungen gemacht haben, haben wir sie auch gelegentlich auf andere Veranstaltungen übertragen – zum Beispiel, wenn wir für die Gestaltung einer Feier angefragt wurden oder das Abendprogramm einer Tagung über Altersbildung mit einer Lesung bestritten – mit Wein und Pianist am Flügel. Es geht auch ohne öffentliche Gespräche, die finden dann häufig an den Tischen statt. Allerdings ist das Anstoßen von Gesprächen und das Vermitteln von gelebter Geschichte das Hauptziel unseres Projekts.

Natürlich ist nicht jede Lesung ein Highlight. Es kommt vor, dass der Funke nicht wirklich überspringt, dass das Gespräch auf der Ebene höflichen Interesses bleibt, oder dass ein Text trotz aller Bemühungen die Sprachkenntnisse der ZuhörerInnen überfordert. Die Lesungen, bei denen wir inspirierende Gespräche und echtes Interesse erleben, sind aber deutlich in der Überzahl. Unsere TeilnehmerInnen gehen mit eher verhaltenen Gesprächen gelassener um als wir Leiterinnen, die wir wahrscheinlich auch kritischer sind. Für unsere Arbeit haben wir festgestellt, dass Krankenhäuser nicht der geeignete Ort für unsere Lesungen sind, und auch mit Jugendlichen unter 15 Jahren kamen wir weniger gut ins Gespräch. Das liegt vielleicht an der Art, wie wir arbeiten, jemand anders wird gerade mit Kindern sehr gute Erfahrungen machen.

4. Begleitende Treffen

4.1. Zwischen- und Abschlusstreffen

Wie berichtet arbeiten wir über das Jahr in zwei bis drei Kleingruppen. In diesen Gruppen verläuft die Arbeit natürlich unterschiedlich. Daher bieten wir ein Zwischentreffen im Sommer an, zu dem wir alle TeilnehmerInnen einladen. Das hat den Vorteil, dass alle auch diejenigen wieder treffen, mit denen sie nicht in einer Kleingruppe zusammen arbeiten. Für uns Leiterinnen bedeutet es, dass wir den Verlauf des Projektes gemeinsam reflektieren, sozusagen eine Zwischenbilanz ziehen, und gegebenenfalls an bestimmten Punkten eine Kurskorrektur anbringen können. Wir arbeiten bei diesem Zwischentreff also nicht an Texten, sondern die Gruppen berichten in erster Linie einander von ihrer Arbeit, ihren ersten Lesungen, und wir hören, wie es den einzelnen geht bei ihrer Mitarbeit. Diese gemeinsame Zwischenreflexion macht den Projektverlauf sozusagen wieder zu einem gemeinsamen Prozess.

Weil unsere TeilnehmerInnen gerne schreiben, machen wir natürlich kleine „Fingerübungen“ bei diesem Treffen, ein Schreibspiel oder wir schreiben ein Elfchen (wie das geht, finden Sie im methodischen Teil). Aber das ist nicht das Hauptthema des Treffens, und daher gibt es keine tiefschürfenden Themen. Die Ergebnisse der Schreibspiele werden dann auch nur vorgelesen, wir arbeiten nicht daran.

Das Abschlusstreffen hat eine ähnliche Funktion. Wieder kommen alle zusammen, die Erfahrungen im vergangenen Jahr werden ausgewertet, Höhepunkte gefeiert, weniger Erfreuliches benannt und abgelegt. Bei diesem Treffen schließen wir das Projektjahr gemeinsam ab. Meist kommt die Finissage kurz danach als endgültiger Projektabschluss, aber da sind wir ja nicht „unter uns“: Da werden unsere AutorInnen gefeiert in aller Öffentlichkeit, und es gibt keine Gelegenheit mehr, in der Gruppe zu sagen, was wichtig ist.

4.2. Fortbildung

Zur guten Tradition des Projektes gehört es auch, dass unsere TeilnehmerInnen in der Mitte des Jahres eine ganztägige Fortbildung bekommen. Ganztägig bedeutet von neun bis halb fünf Uhr, mit einer Stunde Mittagspause. Unsere erste Fortbildung haben wir dem Thema Vorlesen gewidmet, da alle ja ihre Texte vor einem mehr oder weniger großen Publikum lesen. Ansonsten sind es Tage, an denen wir zum Beispiel eine Referentin holen, die auf eine andere Art als Petra Dahlemann Handwerkszeug zum Schreiben vermittelt, oder wir ziehen es als Kreativworkshop auf mit dem Titel „Hemmungslos schreiben". Es gibt viele Möglichkeiten – wichtig ist, dass es an diesem Tag nur ums Schreiben geht und dass die TeilnehmerInnen irgendeine Form von für sie relevantem Know-how vermittelt bekommen.

5. Konzeptionelle Überlegungen

Abschließend möchten wir noch einige konzeptionelle Überlegungen anschließen, die dem Projekt zugrunde liegen.

5.1. Brücken bauen

Wir erfahren immer wieder, dass das Zeitschreiber-Projekt Brücken baut, weil es keinem klassischen Arbeitsbereich zuzuordnen ist. Es ist Kultur- und Bildungsarbeit, weil es sich mit einer alten Kulturtechnik, dem Schreiben auseinandersetzt. Es ist aber auch soziale Arbeit, weil der biografische Ansatz, das Verarbeiten der eigenen Geschichte und die Begegnung mit anderen Menschen eine große Rolle spielen. Es ist gesellschaftspolitische Arbeit in seinem Grundverständnis, an einer humanen Stadtgesellschaft mitzuwirken und Lehren aus deutscher Geschichte lebendig zu halten. Es führt über Kooperationen bei Lesungen verschiedene Professionen zusammen: LeherInnen, Germanistinnen, PfarrerInnen, SozialpädagogInnen und andere, die in ihrer verschiedenen Arbeitsweise voneinander lernen. Und natürlich baut das Projekt Brücken zwischen verschiedenen Gruppen der Stadtgesellschaft: zwischen MigrantInnen und deutschen SeniorInnen, zwischen alt und jung. Diese „Brückenarbeit" erleben wir als im hohen Maße befruchtend, weil sie das Denken öffnet, wo immer wieder die Gefahr besteht, in Routine zu verfallen.

5.2. Bürgerschaftliches Engagement

Wir haben das Projekt entwickelt im Rahmen unseres Seniorenprogramms, das dankenswerterweise vom Sozialreferat der Landeshauptstadt München gefördert wird. Ein wichtiger Aspekt ist dabei für uns – wie bei all unseren Bildungsprojekten – der große Anteil bürgerschaftlichen Engagements. Natürlich schreiben unsere TeilnehmerInnen auch für sich. Aber eben nicht nur für sich. Sie schreiben auch für andere, denen sie ihre Erfahrungen weiter geben. Als Zeitzeugen und als Menschen mit meist nicht sehr glatten Lebensläufen. Sie „geben den Stab weiter", und zwar nicht nur an ihre eigenen Kinder und Enkel, sondern an ihnen fremde Menschen. Sie heißen MigrantInnen in ihrer Stadt willkommen, indem sie ihnen von sich erzählen und sie nach ihren Geschichten fragen. Sie halten Geschichte lebendig und helfen anderen dabei, Situationen zu bewältigen, in denen sie selbst einmal waren, vielleicht vor langer Zeit.

Beim Schreiben und Bearbeiten ihrer Texte bekommen sie freilich auch etwas für sich selbst. Und sie engagieren sich in einer Gruppe, in der Freundschaften entstehen. Modernes Bürgerschaftliches Engagement heißt, etwas für sich zu tun, gemeinsam mit anderen für andere. Wir sprechen dabei bewusst nicht von Ehrenamt, sondern von bürgerschaftlichem Engagement. Der Begriff des Bürgers wird relevant, sobald ein Engagement über den privaten Kreis oder die eigene Gemeinde hinaus geht. Ein Bürger befindet sich in einer öffentlichen Rolle. Und das lebendig halten von erlebter Geschichte, das Engagement für MigrantInnen in einer Stadt wie München ist ein Engagement für eine humane Stadtgesellschaft. So begreifen es unsere TeilnehmerInnen und wir auch.

Zahlreiche Untersuchungen zeigen, dass viele Menschen, die sich für andere engagieren, dies nur unter der Bedingung einer zeitlich Begrenzung tun. Das ist nur zu verständlich – besonders im sozialen und kirchlichen Bereich sind die Fälle von Vereinnahmung nicht zu zählen. Daher organisieren wir die Zeitschreiber-Arbeit als Projekt-Arbeit, das heißt, mit begrenztem zeitlichen Rahmen. Wer sich für das eine Jahr verpflichtet, kann im nächsten Jahr wieder mitmachen. Aber er muss keine Fragen beantworten, wenn er es nicht tut. Die Erfahrung zeigt, dass wir innerhalb dieses begrenzten Zeitraums aber mit einem hohen Grad an Verbindlichkeit bei unseren TeilnehmerInnen rechnen können.

5.3. Persönlicher Gewinn

Bei allem Engagement für andere ist es uns, wie gesagt, auch wichtig, dass unsere TeilnehmerInnen selbst etwas für sich bekommen. Das ist zum einen das gemeinsame sprachliche Arbeiten an den Texten. Zum anderen geht es aber auch um persönliche Erlebnisse, um Lebensgeschichte, die, wenn sie die Textform findet, unterschiedlich stark verarbeitet ist. Und hier liegt unseres Erachtens eine Stärke der Textarbeit gegenüber dem biografischen Erzählen. Der Verarbeitungsprozess hat mehrere Stufen.

Beim Erarbeiten des Themas, beim ersten Sprechen darüber, noch mehr aber beim Schreiben zu Hause findet häufig eine intensive persönliche Auseinandersetzung mit emotional bedeutsamen Erlebnissen statt. Oft erleben die Schreibenden es als entlastend, das Erlebte zu Papier zu bringen. Es sei wie ein erster Schritt des Weggebens und Loslassens. Ein zweiter Schritt geschieht beim Vorlesen und Besprechen in der Gruppe, ein dritter bei der öffentlichen Lesung.

Diese Mischung aus persönlichem Gewinn und Engagement für andere ist es, die unseres Erachtens verantwortlich ist für die ungebrochene Nachfrage nach dem Projekt.

Die Form, in der wir als Hauptamtliche das Projekt durchführen, ist sicher für viele von Ihnen zu arbeitsaufwändig, besonders wenn Sie nebenamtlich arbeiten oder sich freiwillig engagieren. Wen Sie die Zeit haben, können wir Ihnen eine Nachahmung nur empfehlen, es macht großen Spaß und man wird reich beschenkt. Wenn Sie weniger Zeit investieren könne, ist das Projekt vielleicht als „Steinbruch“ geeignet. Warum nicht einmal mit einer biografischen Schreibgruppe eine Lesung planen? Eine Begegnung mit Jugendlichen, MigrantInnen oder Älteren. Es können einige Lesen, die anderen verstärken das Publikum. Ein Versuch lohnt sich.

Sabine Sautter

Geschichten, die das Leben schreibt

Ein „Erzählcafé" – Was ist das eigentlich?

In der Praxis der Biographiearbeit haben sich in den vergangenen Jahren zwei verschiedene Ansätze für Erzählcafés herauskristallisiert. Gemeinsam ist beiden, dass das Erzählcafé „eine Domäne der nachtraditionellen Altenkultur ist, die hier einen neuen Schauplatz zur Überlieferung, zum Austausch und zur Aushandlung ihres kulturhistorischen Erfahrungswissens gefunden hat."[1]

Eine inzwischen sehr verbreitete Version ist die eines offenen Rundgesprächs (nicht nur) mit älteren Menschen, in dem zu einem gemeinsamen Thema abwechselnd möglichst alle etwas beitragen. Angeregt von den Erzählungen der anderen, fallen jedem Beteiligtem auch wieder neue Dinge ein. Eine lebendige Moderation schafft die Balance, damit jeder zu Wort kommt, aber auch nicht „Dauerredner" die Szene bestimmen...

Als Veranstalter des Münchner Erzählcafés in der Seidlvilla haben wir uns für die zweite Form entschieden, ähnlich dem Berliner oder Frankfurter Erzählcafé, die bereits auf eine längere Tradition zurückblicken können. Wir laden jeweils einen (oder seltener mehrere) Erzähler ein, die aus ihrem Leben berichten und dazu ausführlich Zeit (etwa 1,5 Stunden) haben. Sie bestimmen selbst über die Schwerpunkte ihres Erzählens. Bei der ersten Anfrage zeigen sich potentielle Erzähler oft erstaunt über diese Länge, doch es braucht seine Zeit, um wirklich „in epischer" Breite zu erzählen. Hintergründe des eigenen Handelns und Zusammenhänge können so besser dargestellt werden.

Das Erzählcafé in Frankfurt wird in der Dokumentation des Instituts für Sozialarbeit wie folgt beschrieben: „Die Erzählenden tragen biographische Details ihrer erlebten Geschichte vor, die Zuhörenden werden mit neuen Erfahrungen bereichert, die jeder annehmen kann – oder auch nicht. Außerdem werden Geschichte und Geschichten dem Vergessen entrissen und bewahrt, wenn vielleicht auch nicht für alle Ewigkeit, so doch im Bewusstsein von interessierten, lauschenden Menschen, die angerührt werden von einem fremden Schicksal.

Mündlich weitergereichte Erfahrungen sind Beiträge zur politischen und kulturellen Bildung – nicht nur für Kinder und Enkelkinder."[2]

Das Münchner Erzählcafé wurde initiiert als Forum für den Dialog zwischen den Generationen, ein Ort der Begegnung, um „interessante ältere Menschen" kennen zu lernen oder auch um „von den Alten zu lernen". Die Weitergabe von Erfahrungswissen an mittlere oder jüngere Generationen trägt nebenbei auch zur Erweiterung des Geschichtsverständnisses bei. „Die intergenerative Kommunikation dient dem Erfahrungsaustausch, der Weitergabe von Information, Lebenswissen und dem gegenseitigen Verständnis. Wenn dies gelingt, geschieht es zum beiderseitigen Wohl. Die Begegnungen zwischen den Generationen verhindern, dass Angehörige bestimmter Altersgruppen aus dem gesellschaftlichen Leben ausgegrenzt werden."[3]

Der Erzähler und sein subjektives Erleben bzw. Erinnern stehen im Zentrum der Veranstaltung. Die Frage nach der Objektivität des Erzählten oder der historischen Authentizität wird immer wieder formuliert, kann aber nicht Aufgabe eines Erzählcafés sein. Historische Fakten, soweit bekannt, werden als Rahmen für das Erlebte dargestellt oder dem Erlebten gegenübergestellt.

Das Erinnern beinhaltet nach Klingenberger mehrere Dimensionen und Funktionen, wie „Erinnern als Vergegenwärtigen von Vergangenem, als Neuentdecken von Vergangenem, aber auch zur Stiftung von Gemeinschaft und zur Festigung der Identität"[4]. Zwischen dem Ereignis und dem Erzählen, also der verarbeiteten Erinnerung, liegen in unserem Falle meist viele Jahre und daher auch mehrere „Stufen der Verarbeitung": Erleben des Ereignisses – Wahrnehmung – Reflexion des Ereignisses – Erinnerung an das Ereignis – Erzählen des Ereignisses.[5] Dies zeigt sehr schnell, dass immer nur „gedeutete Erinnerung" erzählt wird. Diese Subjektivität ist in höchstem Maße geprägt von der Persönlichkeit, der Lebenssituation oder auch Lebensauffassung, der Herkunft oder dem politischem Standpunkt.

Durch das Zuhören und Nachfragen kann das eigene Bild der Zeitgeschichte wie ein Mosaik immer wieder ergänzt werden. Bei unstrukturiertem Erzählen, etwa im Familienkreis hört man oft die „immer gleichen Geschichten", so dass sich scheinbar Nachfragen gar nicht lohnt... Durch die Begegnung mit anderen Vertretern der gleichen Generation ist ein intensiveres Zuhören möglich, das später im eigenen Familienkreis erneutes Nachfragen und dann neue Antworten möglich macht. Im Zusammenhang des Erzählcafés können damit leichter kritische Fragen gestellt werden, oder es kann die eigene Auseinandersetzung beginnen, ausgelöst durch einen „Stellvertreter" der gleichen Generation. Das Maß und die Intensität bestimmt allein der Zuhörer. „Im Gegensatz zu therapeutisch orientierten Selbsterfahrungsgruppen erlaubt das Erzählcafé, in bloß passagerer Form und ohne Zwang zur Selbstpreisgabe an den Erzählungen anderer teilzunehmen und sich mit der ‚Stellvertreterbiographie' des Erzählers auseinander zu setzen".[6] Dabei erfüllen die Gespräche an den Tischen in der Pause eine wichtige Funktion zur Verarbeitung des Gehörten.

Besonderheiten des Münchner Erzählcafés

Im Münchner Erzählcafé organisieren zwei Mitarbeiterinnen der beiden kooperierenden Institutionen die Veranstaltungen. Als Moderatorinnen sind wir jeweils für zwei Veranstaltungen pro Semester verantwortlich. Dies beinhaltet die Suche nach dem Erzähler, die Vorbereitung durch ein persönliches Vorgespräch, das Formulieren eines Titels und Ausschreibungstextes und die Leitung des Nachmittags.

Folgende Kriterien haben sich für die Themen- und Referentenauswahl bewährt:

- das Geschehen, über das erzählt wird, muss in München oder in der Nähe passiert sein, oder
- der Erzählende (mindestens 60 Jahre alt) lebt schon seit längerer Zeit hier oder
- das Geschehen muss von überregionaler Bedeutung sein (z.B. die Sekretärin Konrad Adenauers erzählte über den Staatsbesuch in Moskau 1955, der zur Freilassung der letzten Kriegsgefangenen führte)

Ein gelungener Einstieg in die Veranstaltung schafft eine Atmosphäre der Gemeinschaft, die eine breite Beteiligung des Publikums ermöglicht. Methoden und Arbeitsweisen der Erwachsenenbildung erleichtern die Anfangssituation. Ein gemeinsamer Boden entsteht und der Erzählende erlebt das Publikum nicht nur als unpersönliche Menge, sondern als einzelne Personen, die sich für *seine* Geschichte interessieren. Dies baut ein Vertrauen auf, so dass das persönliche Erzählen erst möglich wird.

Die „Brücke“ zum Publikum kann durch eine kurze Einführung in den historischen Hintergrund geschlagen werden, durch veröffentlichte oder private Fotos in Form von Folien auf dem Overheadprojektor oder durch eine Frage bzw. einen Impuls ans Publikum, die eigenen Erinnerungen zu aktivieren. Beim Erzählcafé mit Hans Jochen Vogel begannen wir die Veranstaltung mit einem kleinen Quiz zur Person des früheren Oberbürgermeisters von München und späteren Ministers.

Immer wieder einmal stellen wir *„Fragen an das Publikum“*, um die Zuhörenden stärker am Gespräch zu beteiligen. Bei Veranstaltungen zu aktuellen Anlässen gelingt dies leicht, etwa bei der Währungsreform. Wir forderten die Teilnehmer/innen auf zu erzählen, was sie selbst für das „Kopfgeld“ erstanden hatten. Dies fördert aktiv den eigenen Reflexionsprozess.

Fragen des Publikums an den Erzähler und Diskussion sind immer feste Bestandteile der Veranstaltungen. Besondere Bedeutung kommt dabei gerade den jüngeren Zuhörern zu, die durch die historische Distanz kritischer oder „frecher“ fragen.

Das Erzählcafé – ein Angebot der Erwachsenenbildung

Eine der beiden veranstaltenden Institutionen ist das Münchner Bildungswerk. Als Träger der katholischen Erwachsenenbildung in Stadt und Landkreis München bietet das Münchner Bildungswerk eine breite Vielfalt an Seniorenbildung, von der Malakademie, in der Menschen ihre kreativen Fähigkeiten weiterentwickeln können, über „Wissenskursen“ zu lebensbegleitenden Kursen. Das Erzählcafé ist ein offenes Angebot, für die keine Anmeldung erforderlich ist.

Zu den wesentlichen Bestandteilen der Erwachsenenbildung gehört der individuelle Lernprozess, bzw. die Anregung dazu. Unser Verständnis von Bildung ist nicht das einer Anhäufung von „Bankierswissen“ (Paolo Freire), sondern das einer Ressource, die es Menschen erlaubt und ermöglicht kreativ und eigenständig den eigenen Lebensentwurf zu formulieren, immer wieder zu reflektieren und umzuschreiben. Bildungsarbeit hat dann die Aufgabe die Lebenskompetenzen zu fördern und zur eigenen Identitätsentwicklung beizutragen. Diese „biographische Kompetenz“ ist in der veränderten Welt mit der Pluralisierung der Lebensformen notwendig.[7] „Erinnern heißt: die eigene Identität festigen. Unsere Lebensgeschichte besteht aus Lebensgeschichten. Dies wird in einer Zeit der Umbrüche (...) sehr bedeutsam, weil das Erinnern der eigenen Wurzeln und der eigenen Entwicklung einen existentiell stabilisierenden Faktor darstellt“.[8] Die Auseinandersetzung mit den Biographien anderer Menschen und deren Deutungsmuster fördert die Fortschreibung der eigenen Identität.

Angehörige der gleichen Generation „rekonstruieren im Dialog ein untergegangenes Milieu“[9] und finden ein neues Wir-Gefühl. Der Vergleich mit dem Erzählenden, seiner Motive und Handlungen, dienen der Auffrischung der Erinnerungen und damit dem besseren Verständnis des Eigenen. Durch die Begegnung mit dem „Fremden“ kann das „Eigene“ klarer erkannt, beschrieben und im Sinne von Lebensbilanz vielleicht neu bewertet werden.

Die Mitglieder jüngerer Generationen oder auch anderer Milieus können sich durch die Erzähler ein genaueres und vielfältigeres Bild der Geschichte machen, ähnlich einem Mosaik, das an verschiedenen Stellen immer wieder erweitert wird. „Dadurch bekommt gelernte Geschichte bunte Bilder“ (Wortlaut im Ausschreibungstext des Münchner Erzählcafés). Der Rückbezug auf eigenes Handeln oder das eigener Familienmitglieder ist von den TeilnehmerInnen selbst zu leisten.

„Individuelle Entwicklung durch Reflexion vollzieht sich im Erzählcafé stets als interaktives Lernen im Schonraum moderierter Dialoge. Doch auch der Erzählende durchläuft einen Lernprozess, wenn er seine Lebensgeschichte als ‘Stellvertreterbiographie’ präsentiert“.[10]

Die ErzählerInnen

Wie kommen Sie eigentlich an die Erzähler?“ – Dies ist wohl die Frage, die uns als Veranstalterinnen am häufigsten gestellt wird, die aber einer differenzierten Antwort bedarf.

Nach den bereits genannten Kriterien planen wir für jedes Semester vier Veranstaltungen und versuchen das Programm möglichst bunt und vielfältig zu gestalten.

Meist laden wir einmal pro Semester *Zeitzeugen in Zusammenhang mit dem Nationalsozialismus* ein, Themen zu denen es am leichtesten gelingt, jüngere Mitbürger anzusprechen. Im Laufe der Jahre rückten die verschiedenen Aspekte dieser Zeit in den Mittelpunkt der Aufmerksamkeit. Beispielsweise Menschen wie Max Mannheimer, die das KZ erlebt und überlebt haben, Menschen, die versucht haben zu helfen, wie Schwester Imma Mack, aber auch Menschen, die erst spät von der Verstrickung und Schuld in ihrer Familie erfahren haben. Die Veranstaltung mit Helga Müller war eine der intensivsten in den fünf Jahren. Ihre schwierige persönliche Geschichte (der Vater war für den Tod einiger tausend Menschen verantwortlich und erst durch eine psychische Erkrankung entdeckte sie dies vor wenigen Jahren) machte alle Anwesenden tief betroffen. Es zeigte aber die Grenzen des Erzählcafés auf, denn ein Auffangen solcher Emotionen ist in einer Veranstaltung mit so vielen Zuhörern nicht möglich.

Seit 1999 laden wir in jedem Semester eine/n *MitbürgerIn mit einer anderen kulturellen Herkunft* ein, etwa aus der Türkei, Persien oder Amerika. Diese Menschen wohnen seit langem in München und zeigen die kulturelle Vielfalt der Großstadt auf. Meist freuen sie sich sehr, in gewisser Weise „Botschafter ihrer ersten Heimat" zu sein. In der Begegnung mit ihnen fallen besonders Unterschiede, beispielsweise in der Erziehung, aber überraschenderweise auch Übereinstimmungen in Einschätzungen auf. Auch hier gilt: In der Auseinandersetzung mit dem Fremden wird das Eigene deutlicher.

Auf große Resonanz stoßen auch Nachmittage mit Menschen, die einen *ausgefallenen Beruf* hatten oder noch ausüben, wie der Barpianist Simon Schott aus einem großen Münchner Hotel oder Karl Birnbeck, ehemaliger Berufsfeuerwehrmann, der manches aus der Münchner Stadtgeschichte von der Seite der professionellen Helfer erzählen konnte. Blicke hinter die Kulissen gewährten uns eine Politikerin aus dem Landtag oder der langjährige Leiter des Hauses der Kunst an der Prinzregentenstraße – hier entsteht eine Form der „personalisierten Stadtgeschichte".[11]

Menschen, die *ein besonderes Ereignis* erlebt haben, sind im Erzählcafé ebenfalls gefragt. Beim Erzählcafé mit Christl Kranz und Käthe Grasegger-Deuschl, den beiden Olympiasiegerinnen der Winterspiele von 1936, war interessant, welch große Bekanntheit sich nach über 60 Jahren erhalten hat bzw. welche „Verehrung“ bis heute andauert. Die Veranstaltung mit Arthur Robinow, dem ersten Amerikaner 1945 auf dem Marienplatz, war geprägt von den Erinnerungen der anwesenden Zeitzeugen.

Bei der Themensuche greifen wir oft auch *aktuelle Anlässe* auf, so etwa im Jahr 1999 das 50-jährige Jubiläum der Währungsreform. Die Suche nach Menschen, die damals direkt mit der Geldausgabe beschäftigt waren, gestaltete sich als sehr intensiv. Nach langem Bemühen gelang es uns, drei frühere Angestellte der Stadtsparkasse München zu finden, die selbst Geld ausgezahlt hatten. Der Aufbau einer vertrauensvollen Atmosphäre von den Moderatorinnen zu den Erzählerinnen, deren Ermutigung und eine aufwändige Vorbereitung waren hier von besonderer Bedeutung, denn öffentliches Sprechen war für die drei Damen sehr ungewohnt.

Einige Erzählcafés hatten die Geschichte des Veranstaltungsortes, der Seidlvilla, zum Thema oder Bezug zur Schwabinger Umgebung.

Wir entdecken diese Menschen durch Hinweise von Zuhörern oder Empfehlungen durch KollegInnen. Die Moderatorinnen lesen auch aufmerksam Kurzportraits von Zeitzeugen in den Tageszeitungen und holen diese Ausschnitte bei der Programmplanung wieder hervor.

Insgesamt lässt sich sagen, dass wir auf die Anfragen relativ wenige Absagen bekommen, denn das Interesse wird als Aufwertung der eigenen Lebensgeschichte erlebt. Auch innerhalb der eigenen Familie steigt der Stellenwert und nicht selten nehmen Angehörige oder Freunde an den Veranstaltungen teil.

„Gelungenes Erzählen" oder „Von der Kunst, frei zu erzählen"

Angeregt durch die Anfrage und das Vorgespräch bereiten sich die meisten Erzähler intensiv auf den Nachmittag vor, zum Beispiel durch Notizen in chronologischer Reihenfolge. Die Vorbereitung ermöglicht ein strukturiertes Erzählen, das auch den Bogen des gesamten Lebens in den Blick nimmt. Die Anfrage ist häufig Anlass zur Reflexion des eigenen Lebens, und sie ist notwendig für die Zuschreibung als „Zeitzeuge“.

Eine Erzählerin sagte nach einer Veranstaltung zu mir, dass ihre Tochter extra gekommen sei, denn „so“ hätte sie die Lebensgeschichte der Mutter noch nie gehört. Dabei bedeutet „so“: Im Zusammenhang, in den historischen Kontext eingebettet und strukturiert, für „fremde“ Ohren vorbereitet. Aus diesem Grunde bekommt auch jeder Erzählende den Mitschnitt „seines“ Nachmittags als Tonkassette.

Das „persönliche Erzählen“ wird erst durch eine Vertrauensbasis zum Publikum oder zumindest stellvertretend zur Moderatorin ermöglicht. Gelingt dies nicht, wird eine in langen Jahren durch wiederholtes Erzählen „vorbereitete Darstellung“ des Geschehens „abgespult“. Dabei kann auch kaum ein Lernprozess bei den Zuhörenden entstehen. Ein sehr erfahrener Erzähler begann seinen Nachmittag mit einer „fertigen“, oft wiederholten Einleitung – wartete aber eigentlich auf die erste Unterbrechung durch eine Frage. Erst dann hatte er einen Bezug zu diesem Publikum gefunden.

Im Fluss des Erzählens verschwimmt manchmal für Zuhörer der historische Ablauf des Geschehens. Für Klarheit kann dann das Nachfragen der Moderatorin oder eine kurze Information zur „großen“ Geschichte (z.B. eine Landkarte mit den verschiedenen Lebensstationen) sorgen. Die Visualisierung erleichtert den Zuhörern den „Wiedereinstieg“, wenn Gedanken zu sehr in die eigene Lebensgeschichte abdriften.

Ein schwieriges Thema ist das „Vorlesen“. Einige ErzählerInnen haben ihre Erinnerungen bereits als Bücher veröffentlicht, was die Vorbereitung der Moderatorin erleichtert. Im Rahmen der Veranstaltungen kommen sie eher selten zum Tragen. Passagen oder Auszüge werden nur dann vorgetragen, wenn historische Situationen und deren Erleben prägnant aufgeschrieben wurde und dadurch mehr Zeit für Diskussion oder anderes Erleben gewonnen wird. Nach unserer Erfahrung erfordert das geschriebenes Wort volle Konzentration, eine Aufmerksamkeit, die schwer über längere Zeit aufrecht erhalten werden kann und den eigenen Reflexionsprozess bei den Zuhörern erschwert. Das Eigentliche beim Erzählen entsteht nach unserer Erfahrung durch das Zusammenspiel von diesem Erzähler und dem jeweiligen Publikum.

Die Freiheit bestimmte Dinge nicht zu erzählen, muss gewährleistet sein. Dies gehört, neben der Sorge für den „geschützten Rahmen" auch zu den Aufgaben der Moderatorin. Wenn dies aber Wesentliches betrifft, besteht das Risiko, dass eine Veranstaltung oder ein Erzähler als nicht stimmig erlebt werden.

Noch ein paar Tipps für Nachahmer

- Der Ort für ein Erzählcafé sollte für alle Generationen attraktiv sein. Altenheime oder auch Einrichtungen der offenen Altenarbeit sprechen beispielsweise meist nur die ältere Generation an. Die Atmosphäre des Raumes trägt ebenso zum Gelingen der Veranstaltung bei wie der Erzähler. Wir stellen kleine Tische für vier bis sechs Personen auf, an denen Gespräche miteinander gut möglich sind. Vor der Veranstaltung und in der Pause (nach ca. einer Stunde) können im Nachbarschaftscafé Kaffee und Kuchen erworben werden.
- Wir planen Semesterprogramme mit jeweils vier Veranstaltungen von Oktober bis Januar und von Februar bis Mai. Im Sommer streben zumindest die Münchner samstags in den Englischen Garten oder raus aus der Stadt, so dass Veranstaltungen nur wenig Publikum bekommen. Im Programm werden die einzelnen Erzähler und ihre Themen mit einigen Sätzen vorgestellt. Leider hat die Planung einen langen Vorlauf (z.B. im Juni für Oktober bis Januar). Dies stellt manchmal eine Schwierigkeit gerade für hochbetagte Zeitzeugen dar. Bei Erkrankungen musste bereits nach einem Ersatzerzähler gesucht oder wenn sehr kurzfristig eine Absage erfolgt, der Nachmittag mit einer offenen Erzählrunde improvisiert werden.
- Kooperationen erleichtern den Aufbau einer Stammgruppe beim Publikum und vermindern den Arbeitsaufwand für die einzelnen Institutionen.
- Themen in Zusammenhang mit dem Nationalsozialismus sprechen auch jüngere Generationen an, die durch „freche", weil unbelastetere Fragen die Gespräche lebendiger machen.

Karin Wimmer-Billeter, Münchner Bildungswerk

Anmerkungen

1 Internetseite des Deutschen Institutes für Erwachsenenbildung (www.die-frankfurt.de), September 2002. (Anmerkung: Durch den Umzug des Institutes hat sich auch die Internetadresse geändert: www.die-bonn.de

2 Institut für Sozialarbeit e.V., Frankfurt am Main: Zeugen ihrer Zeit im Frankfurter Erzählcafé – eine Dokumentation, Reihe Brennpunktdokumentationen der Stiftung Mitarbeit 1995, S.5

3 Positionspapier Altersbildung der Arbeitsgemeinschaft für Katholische Erwachsenenbildung in der Erzdiözese München-Freising e.V. (KEB), Juli 2000

4 Klingenberger Hubert, Zintl Viola. Eigenständig, Don Bosco Verlag München 2001, S.31-36

5 Unveröffentlichte Seminarunterlagen von Hubert Klingenberger, Münchner Bildungswerk 1997

6 Internet: Homepage des Deutschen Instituts für Erwachsenenbildung, s.o.

7 Klingenberger Hubert, Zintl Viola, Eigenständig, S.21f

8 Klingenberger Hubert, Zintl Viola, Eigenständig, S.35f

9 Internet: Homepage des Deutschen Instituts für Erwachsenenbildung, s.o.

10 Internet: Homepage des Deutschen Instituts für Erwachsenenbildung, s.o.

11 Institut für Sozialarbeit, s.o.

Anhang

- Beispieltexte von TeilnehmerInnen
- Sprüche über das Erinnern
- Literatur
- Autorinnen und Autoren

Aufstehen

Ringsum in der großen Kirche wurde laut, aus fetten Kehlen, gesungen, gewissermaßen im Brustton der Überzeugung, die besseren Menschen zu sein, die moralisch unangefochtenen, die aufrechten, die im Stand nicht gerade der Unschuld, aber doch der Rechtschaffenheit und Gott Wohlgefälligkeit.

Sie aber saß eingeklemmt zwischen diesen Menschen, allein. Ihr dicker Bauch war ihr lästig geworden. Sie spürte die neugierig-mitleidigen Blicke der Frauen ringsum. Sie zog den Kopf noch tiefer zwischen die Schultern und wollte eigentlich nur noch verschwinden, weg hier. Hier war ihr Platz nicht mehr.

Diese plötzliche Erkenntnis löste einen Aufruhr in ihr aus, zunächst allerdings durchsetzt von Zorn, Trotz, aber auch Energie von irgendwo – oder aus dem leisen Klopfen in ihrem Leib? Sie ging einfach hinaus, noch vor dem Ende des Gottesdienstes, mitten durch den Gang nach hinten, zum Ausgang. Und ihren Kopf hatte sie noch nie so hoch getragen, ihren Bauch noch nie so stolz wie eine Trophäe vor sich her. Schaut, schaut alle her, ich bekomme ein Kind, und ich verweigere alle „Schuld". Ab sofort lege ich niemandem mehr Rechenschaft ab über mich und mein Kind, meine Liebe, hört ihr, niemandem!

Ein tiefes, warmes Glück durchströmte sie plötzlich und die sichere Erkenntnis, es richtig gemacht zu haben, wenigstens bisher. Sie war wieder jemand, sie war eine Frau, sie fühlte sich schön und stark. Sie war kein Opfer mehr, sie war auf der Siegerseite und – auf der des Lebens.

Barbara Herrmann

Ich erinnere mich ...

Ich erinnere mich an die zarten Porzellantassen meiner Großmutter mit den blauen Kirschblüten auf dem milchig weißen Grund.

Ich erinnere mich an das hohe Bett meiner Großmutter, das dunkel in der Tiefe ihres Zimmers ruhte wie ein Schiff vor Anker.

Ich erinnere mich an das schwarzsamtene Sofakissen mit dem aufgemalten Herbstwald, das meine Großmutter mir in den Rücken stopfte, damit ich näher am Teetisch saß.

Ich erinnere mich an die gehäkelte Spitzendecke, die kühl schimmerte in der Farbe brauner Eier, und aus deren Zwischenräumen sich die Kekskrümel nur mit dem zungenfeuchten Finger hervorklauben ließen.

Ich erinnere mich an das knisternde Einkringeln der schwarzen Stoppelhaare, an ihren wundersamen Farbwechsel zu weißlichem Grau, wenn meine Großmutter sich ihren Bart unter dem hochgereckten Kinn mit einem brennenden Streichholz wegsengte.

Ich erinnere mich an den schwarzgrauen Regenschirm, dessen Griff forschend wie ein Adlerkopf vor und zurück zuckte, wenn meine Großmutter ihn verspielt kokett als Stock benützte.

Marianne Pfeiffer

Ketzin, die verlorene Heimat

Ketzin bedeutet für mich noch immer die verlorene Heimat meiner Kindheit. Zwischen Potsdam und Brandenburg, nahe bei Königin Luises Paretz, ließen die Münchner Eltern ein kleines Sommerhaus aus Holz am Ufer bauen. Dunkelbraun, mit weißen Fensterkreuzen und grünen Läden stand es ein wenig fremd, doch anheimelnd am Hang über der Havel, die hier weit wie ein See langsam und träge nach Westen floss. In Ketzin schwirrten bunt funkelnde Libellen im Schilf, das der Wind leise wiegte; Ringelnattern schlängelten auf dem stillen Wasserspiegel dahin und springende Fische hinterließen gläserne Ringe, die in Mustern über das Wasser eilten. Wenn irgendwo der gelb leuchtende Pirol flötet, eine Rohrdommel dunkelunheimlich röhrt, Haubentaucher und Blässhühner graziös verschwinden oder Schwäne majestätisch vorüberziehen, so erinnern mich all diese Erfahrungen noch heute an Ketzin, wo ich so vieles erstmals bewusst erlebte und entdeckte.

„Ketzin“ ist die herrliche Erfahrung von Freiheit, endlich schwimmen zu können, nachdem ich einen Sommer lang an Vaters Angel über dem Steg meine Übungen abstrampelte und mit zunehmendem Erfolg – oh Wunder – die Korkteile des Schwimmgürtels abnahmen. Die Belohnung war das Vertrauen der Eltern in die Fähigkeit der Tochter, die nun jederzeit in der Havel schwimmen durfte: bei Sonnenaufgang, wenn rötliche Nebelschleier das Wasser berührten, Tauperlen am Schilf wie Edelsteine blitzten – in der Mittagsstille, wenn kaum ein Laut zu hören war außer dem Plätschern beim Schwimmen und ich mir verzweifelt zappelnde Bienen und Käfer ins Haar setzte, um sie zu retten – am späten Abend, wenn ich auf der Silberspur dem Mond entgegenschwamm, erschrocken innehaltend, weil ich zu weit schon hinausgeraten war; oder auch im dichten Nebel, wenn ich mit wonnigem Gruseln umkehrte, um wieder heimzufinden.

In Ketzin gab es die Bank am Wasser unter der Weide, wo ich in zart gefärbter Abenddämmerung den Eltern auf der Flöte vorspielte, hier sogar freiwillig und nur geplagt von blutrünstigen Mücken.

Da durfte ich in den purpurglühenden Sonnenuntergang hineinschaukeln, hoch und höher, bis ich schließlich den verzaubernden Widerschein auch auf dem Wasser und dem jenseitigen Ufer erkennen konnte, ebenso prächtig, doch leicht verändert durch die silbernen Streifen der Fluten.

„Ketzin" – das hieß Robinson spielen auf der kleinen, urwaldähnlichen Insel; zusammen mit Geschwistern und Nachbarsbuben Kartoffelfeuer zündeln und Muckefuck kochen; mit klopfendem Herzen durchs Dickicht kriechen und vor jedem Geräusch zu Tode erschrecken.

„Ketzin" – das duftete und schmeckte nach reifen Erdbeeren, nach schwarzen und gelben dicken Herzkirschen, auch „Knuppern" genannt, und nach Spargel, die gut im märkischen Sand gediehen; Genüsse, die es für uns damals noch im Überfluss gab.

„Ketzin" im Winter bedeutete Schlittschuhlaufen auf spiegelnder Eisfläche, weit und weiter, fast grenzenlos. Seltsam, noch heute sind dies mir die liebsten Betätigungen, erlernt und eingeübt in Ketzin: Schwimmen, Radfahren und Eislaufen – vielleicht weil die geliebte Landschaft für immer damit verbunden scheint.

In Ketzin jedoch erlebte ich auch den Einbruch des Krieges in meinen schmalen, idyllischen Frieden. Die Anzeichen für den drohenden Verlust des Paradieses mehrten sich. Nach immer näher kommendem Geschützdonner vernahmen wir eines Nachts Ende April '45 dumpfes Hämmern und Poltern beim Bau einer Ponton-Brücke über die Havel. So schloss sich hier bei Kriegsende der Ring der russischen Armeen um Berlin. – Später ließ uns der wehmütige und fremdartige Gesang der jungen Soldaten, begleitet von Balalaikaklängen, beunruhigt in unserem Versteck aufhorchen. In diesem Frühling, der mit seltener Pracht der Natur scheinbar auszugleichen suchte, was sich Menschen an Schrecklichem gegenseitig zufügten, ergriffen mich diese Melodien auf zwiespältige Weise: Sie rührten ans Herz, doch sie machten auch Angst: Waren es nicht „Feinde", die sich da unten am Ufer bei ihrem Feuer wärmten und sangen?

Einige Monate später verließen wir Ketzin und begaben uns auf eine abenteuerliche Flucht. Unser Wassergrundstück wurde laut DDR „rechtens" enteignet. Ein Funktionär riss das Holzhaus ab und errichtete Anfang der achtziger Jahre statt dessen einen bombastischen Bungalow.

Irene Trägler

Eine schreckliche Konfrontation

Eine schreckliche Konfrontation mit den grausamen, mörderischen Handlungen der Nazis sollte ich einen Tag nach dem Einmarsch der Amerikaner in Leipzig am 19. April 1945 erleben. Ich war 23 Jahre alt.

In der Nähe unseres Stadtteils Schönefeld, im Norden Leipzigs, stieg am 17. April, also einen Tag bevor uns die Amerikaner von den Wirren des Krieges erlösten, eine dicke Rauchwolke am Himmel empor und verbreitete über weite Flächen einen unbekannten, penetranten Geruch. Wir nahmen davon nicht weiter Kenntnis. Es brannte allenthalben und ging drunter und drüber. Jeder wollte überleben und war mit sich und den Familienangehörigen beschäftigt. Sehr bald jedoch erfuhren wir durch die amerikanischen Besatzungssoldaten, die auf den Straßen patroullierten, die Ursache dieser Rauchwolke. Sie forderten die Bevölkerung auf, sich anzuschauen, was unsere Volksgenossen hinterlassen hatten. Ich ging mit meiner Tante und einigen Nachbarsleuten zu diesem Ort. Viele Menschen waren unterwegs. Meine Eltern gingen nicht mit. Sie hatten Angst.

Ich ahnte nicht, was mich dort erwartete. Heute möchte ich sagen: Es war gut, mit eigenen Augen gesehen zu haben, wie mit Menschenleben umgegangen worden ist. Uns bot sich ein grausamer Anblick. Es war ein nicht sehr großes Arbeitslager, integriert in eine Rüstungsfabrik, in der die Gefangenen arbeiteten. Die Häftlinge waren, was wir durch gefundene Briefe in den noch stehenden Holzbaracken und von einem überlebenden Insassen erfuhren:

Polen, Russen, Priester, Pfarrer und ich weiß nicht was noch für unschuldig eingesperrte Männer.

Inmitten des Lagers lag ein riesiger Berg ineinander verkeilter, verkohlter menschlicher Skelette. Um das Lager herum lief ein breiter mit Strom geladener Stacheldrahtzaun. In diesem hingen drei durch Strom getötete und noch erschossene Gefangene. Überall lagen erschossene Tote herum. Außerhalb des Lagers drei Häftlinge, die sich noch nach draußen retten konnten, erschossen auf dem Feld. Zwei haben sich in gegenüber stehende Häuser retten können. Sie gaben uns Zeugnis von den letzten Handlungen ihrer Peiniger. Man hatte die Häftlinge, bevor die Amerikaner kamen, in die Speisebaracke inmitten des Lagers getrieben, Säcke und Lumpen darüber geworfen, alles mit Benzin übergossen und angezündet. So verbrannten die Menschen bei lebendigem Leib. Unvorstellbar! Wir konnten es kaum glauben. Die Täter waren über alle Berge. Ob man sie je gefunden hat, haben wir nie erfahren. Vollkommen erschüttert verließen wir diese Stätte.

Von der Ermordung der Juden hörten wir – ich und meine Umgebung – nach Kriegsende am 8. Mai zum ersten Mal. Nach unseren Vermutungen befanden sie sich, sofern sie nicht beizeiten emigriert waren, in Konzentrationslagern im Osten, auch unter miserablen Bedingungen, zum Arbeiten in Rüstungsbetrieben, aber Vernichtungslager? Nachdem ich nun einen Bruchteil davon mit eigenen Augen gesehen hatte, konnte ich alles glauben, was jetzt ans Tageslicht kam. War der Gedanke, die Gerüchte oder Befürchtungen könnten Wirklichkeit sein, so unvorstellbar, dass wir verdrängten, ja verdrängen mussten, die Augen verschlossen, weil wir völlig hilflos waren, nichts dagegen tun konnten, um unser eigenes Leben zu retten? Nur so kann ich es mir heute erklären. Es war die Angst.

An dieses Erlebnis wurde ich vor einigen Jahren noch einmal erinnert. Ich las das Buch „Die Hoffnung erhielt mich am Leben" von Ruth Elias, einer überlebenden deutschen Jüdin. Sie war in einem anderen Lager bei Leipzig gewesen und hatte das Glück, in einer Bäckerei in der Stadt zu arbeiten. Durch den Transport der Brote von der Bäckerei ins Lager hatte sie auch Kontakt zur Außenwelt. Nach ihrer Befreiung durch die Amerikaner auf ihrem Weg nach irgendwo – sie wusste zunächst nicht wohin, nur weg vom Lager – sah sie unterwegs drei Polen im Straßengraben liegen, verletzt und erschöpft, die dem geschilderten Massaker entkommen waren. Ich war so ergriffen nach so vielen Jahren – es waren 46 – darüber zu lesen, was sich in meiner näheren Umgebung ereignet, was ich mit eigenen Augen gesehen hatte. Auch einen Film sah ich 1995 im Fernsehen – 50 Jahre nach Kriegsende – den ein amerikanischer Soldat gemacht hatte. Es waren die Bilder, die ich immer noch deutlich vor Augen habe und nie vergessen werde.

Marianne Breit

Das hat mein Leben verändert – Das graue Papier – das war's

Zweiundvierzig Jahre lang war ich Fahrer gewesen. Erst Kinderwagenfahrer, dann Dreirad- und Rollerfahrer, schließlich Radfahrer. Und zuletzt, als ich meinen Mann kennen lernte, wurde ich Beifahrer. Mein Mann, der damals noch nicht mein Mann war, hatte einen klitzekleinen Fiat Topolino – da war das Beifahrer-Dasein noch ein echtes Abenteuer: Anschieben am Berg, bei Bodenwellen schauen, dass der Auspuff nicht abriss. Kurz: Der Beifahrer war bei so einem Auto fast ebenso wichtig wie der Fahrer selbst.

Mit wachsender Familie wuchsen dann die Autos – und die Probleme. „Könntest du mich auf der Fahrt zur Firma beim Zahnarzt absetzen?“ oder „... ich hab' dir eine Liste für Aldi geschrieben, würdest du die Sachen bitte heute Abend mitbringen?“ ... „Ach Schatz, da war Geschäftsbesuch, ich kam nicht rechtzeitig weg.“

„ ... ich bin heute Nachmittag in der Stadt zum Einkaufen, schon ein bisschen für Weihnachten, sei so lieb und hol' mich wieder um viertel nach sechs unten am Theaterparkplatz ab.“

Um fünf Minuten nach sieben hatte ich eiskalte Füße bis zum Hals und meine Stimmung war auf dem Siedepunkt.

Jetzt reicht's, ich werde Fahrer – und zwar Selbstfahrer!

Am nächsten Tag meldete ich mich, begleitet von teils bewundernden, teils argwöhnischen Blicken meiner Familie, bei einer Fahrschule an. Ein Traum sollte wahr werden, mein Traum vom Selbstfahrer.

Die Fahrstunden gerieten zunächst zum Alptraum. Mein Fahrlehrer, ein junger ehemaliger Bundeswehrler, machte kein Hehl aus seiner Meinung: Alte Weiber gehören nicht ans Steuer!

Nach endlos vielen Stunden und einer verpatzten ersten Prüfung hielt ich „ihn“ endlich in Händen, meinen Führerschein! Den Schlüssel zur Freiheit und Unabhängigkeit. Vorbei war das Bitten, war das Warten, – jetzt waren ferne Ziele plötzlich erreichbar!

„Ich fahr' eben zum Einkaufen,“ oder „heute Nachmittag besuche ich XY.“ „Heute Abend? Nein, da fahr' ich in die Volkshochschule zu meinem Selbsterfahrungskurs.“ Unser Jüngster, damals 8 Jahre alt, brachte die Sache auf den Punkt: „Mutter, dein Führerschein hat unser Leben verändert.“ Uff, das war's! Ich, die Immer-zur-Verfügung-Stehende, die Allzeit-Bereite, die Dienende, ich hatte das Leben einer ganzen Familie verändert, und nur so mit einem kleinen grauen Stück Papier, das heute irgendwo in den Tiefen meiner Handtasche ruht zwischen vielen anderen wichtigen und unwichtigen Gegenständen, die Frauen im allgemeinen in ihrer Handtasche zu verwahren pflegen.

Eva Bauermann

Sprüche über das Erinnern

Sprüche können, auf große Karten geschrieben, die Wände eines Raumes schmücken. Sie regen zum Nachdenken und Sprechen an. Man kann sie auch in die Mitte einer Gruppe legen, einen Spruch auswählen und darüber sprechen. Oder die Teilnehmenden ziehen verdeckt einen Spruch und sagen reihum, was sie zu „ihrem" Spruch denken. Es gibt viele Möglichkeiten, sie einzusetzen ...

- „Erinnerung ist eine Form der Begegnung." (Khalil Gibran)
- Das Leben wird vorwärts gelebt und rückwärts verstanden.
- Wenn ein alter Mensch stirbt, verbrennt eine Bibliothek. (afrikanisches Sprichwort)
- Im Erinnern liegt der Samen zum Heil.
- Es kommt nicht darauf an, wie alt man ist, sondern wie man alt ist. (W. Steuer)
- „Das habe ich getan," sagt mein Gedächtnis. „Das kann ich nicht getan haben," sagt mein Stolz. Endlich gibt das Gedächtnis nach. (F. Nietzsche)
- Im Vergangenen ist nichts unwiederbringlich verloren, vielmehr alles unverlierbar geborgen. (Victor E. Frankl)
- Nicht nur dem Leben Jahre geben, sondern den Jahren Leben geben. (Leopold Rosenmayr)
- „Die wahren Krankheiten, das sind unsere offenen Erlebnisse,... die unabgeschlossenen Erfahrungen, gegen die es nur eine Therapie zu geben scheint: sie durch Erzählen unschädlich zu machen." (Siegfried Lenz, „Das Vorbild")
- „Ich möchte Dir aber erzählen, was ich über mich selbst hören möchte." (Ronald Blythe, The View in Winter, Harmondsworth)
- „Das Geheimnis der Versöhnung heißt Erinnerung." (Inschrift der jüdischen Holocaust-Gedenkstätte in Jerusalem)
- „Wer erzählt und wer zuhört, der sucht nach Sinn, er hat ihn noch nicht." (Sylvia Kade)
- „Solange Du eine gute Geschichte auf Lager hast und jemand, dem Du sie erzählen kannst, bist Du noch nicht am Ende." (Alessandro Baricco, Novecento)

Literatur

Biografiearbeit allgemein

Karl-Heinz Bierlein, Lebensbilanz. Krisen des Älterwerdens meistern – kreativ auf das Leben zurückblicken – Zukunftspotentiale ausschöpfen, München 1994

Biografische Arbeit in der Erwachsenenbildung. Beispiele aus der Praxis. Hrsg. vom Bundesministerium für Bildung, Wissenschaft, Forschung und Technologie. Berlin 1998

Eva Blimlinger, Angelika Ertl, Ursula Koch-Straube, Elisabeth Wappelshammer: Lebensgeschichten. Biografiearbeit mit alten Menschen. Hannover 1994

Anne Halbach, Barbara Kerkhoff: Biografisches Arbeiten. Beispiele für die praktische Umsetzung. Hannover 2002

Hubert Klingenberger, Viola Zintl: Eigen-ständig. Biografische Erfahrungen nutzen. Beziehungsreich leben. Quellen der Ermutigung. München 2001

Landeshauptstadt München (Hg.), Buchendorfer Verlag:
- Frauenleben in München. (Geschichtswettbewerb 1992). München 1993
- Münchner Nachkriegsjahre (Geschichtswettbewerb 1995/96)
- Jugendbilder (Geschichtswettbewerb 1987)
- Jüdisches Leben in München (Geschichtswettbewerb 1993/94)

Caroline Osborn, Pam Schweitzer, Angelika Trilling: Erinnern. Eine Anleitung zur Biografiearbeit mit alten Menschen. Freiburg i.Br., 1997

Hans Georg Ruhe: Methoden der Biografiearbeit. Lebensgeschichte und Lebensbilanz in Therapie, Altenhilfe und Erwachsenenbildung. Beispiele aus der Praxis. Weinheim/Basel 1998

Biografisches Schreiben

Jürgen vom Scheidt: Kurzgeschichten schreiben. Eine praktische Anleitung. Frankfurt/a.M. 1995

Fritz Gesing: Kreativ schreiben. Techniken des Erzählens. Köln 1994

Christa und Emil Zopfi: Wörter mit Flügeln. Kreatives Schreiben. Bern 1995

Weitere Veröffentlichungen des EBW München zur Biografiearbeit

Vanillefaktor 50

Eine Textsammlung enthält Texte aus biografischen Schreibseminaren des EBW und aus dem Projekt „Zeitschreiber“. Die Geschichten, Gedichte und Fragmente lassen die Lust an der Sprache spüren, aber auch die ernste Haltung derer, die Erlebtes und Erinnertes weitergeben. Zum Schmunzeln, Nachdenken und Staunen.
2. Auflage 2003, 77 S., DIN A5, € 4,50, Versandkosten € 2,-

Schöner als die Nacht

Die dritte Textsammlung aus dem EBW. Mit Lust an der Sprache erzählen Teilnehmerinnen des Zeitschreiber-Projektes, experimentieren mit Textformen und schreiben Lyrik. Zum Nachdenken, Staunen und zum eigenen Erinnern.
Mai 2004, 72 S., DIN A 5,€ 4,50, Versandkosten € 2,-

Materialordner für die Arbeit im Altenheim

Freiwillige HelferInnen aus dem Projekt „Freiwilliges Engagement im Altenheim“ haben Ideen und Arbeitsmittel in einem Materialordner zusammen getragen. Entstanden ist eine reiche Sammlung für die Praxis aus Gedichten, Liedtexten, Spielen u.v.a. Die Erstellung des Materialordners wurde finanziell unterstützt vom Bayerischen Staatsministerium für Arbeit und Sozialordnung. Erhältlich beim EBW oder beim Münchner Bildungswerk, Tel 54 58 05-0. € 10,- zzgl. Versandkosten € 3,20

Bezugsadresse

Evang. Bildungswerk, Herzog-Wilhelm-Str. 24, 80331 München,
Tel 089/55 25 80-0, Fax 089/550 19 40,
e-mail service@ebw-muenchen.de, internet www.ebw-muenchen.de

Die Autorinnen

Annette Arand, Altenpflegerin und Diplom-Sozialpädagogin (FH), ist Bildungsreferentin beim Evangelischen Bildungswerk München.

Petra Dahlemann, Germanistin und Theaterwissenschaftlerin, ist Referentin für Erwachsenenbildung in Gemeinden beim Evangelischen Bildungswerk München.

Anne Münchmeier, Theologin, war bis 2002 im Evangelischen Bildungswerk tätig als Referentin für Seniorenprogramm und Vorbereitung auf den Ruhestand.

Sabine Sautter ist Diplom-Sozialpädagogin (FH) und Bildungsreferentin beim Evangelischen Bildungswerk München.

Karin Wimmer-Billeter ist Diplom-Sozialpädagogin (FH) und Bildungsreferentin beim (katholischen) Münchner Bildungswerk.

Danksagung

Wir möchten uns an dieser Stelle sehr herzlich bei Britta Loebell und Dr. Hubert Klingenberger bedanken. Ihre Arbeit mit Erwachsenen war uns eine Inspiration und ist Quelle einiger der genannten methodischen Anregungen.

Und wir möchten uns besonders bedanken bei der Landeshauptstadt München, Sozialreferat, in deren Auftrag wir unser Seniorenprogramm durchführen und ohne deren finanzielle und fachliche Unterstützung diese Arbeit nicht möglich wäre.

Beate Kuhnt / Norbert R. Müller

Moderationsfibel Zukunftswerkstätten

verstehen – anleiten – einsetzen

ISBN 3-930830-45-0 – 230 Seiten – 21 €

Zukunftswerkstätten sind ein soziales Problemlösungsverfahren, ein Instrument kreativer Gruppenarbeit. Damit können gruppengetragene Probleme gelöst, Themen durchdrungen und zukunftsweisend Anliegen bewältigt werden. Zielgerichtetes Vorgehen und methodisch kreatives Arbeiten in Gruppen prägen diesen offenen Prozess, der von den Teilnehmenden inhaltlich bestimmt und in seinem Fortgang ausgefüllt wird.

Die **Moderationsfibel** vermittelt die Grundlagen und Hintergründe der Werkstattmethode. Spezielle Anleitungstexte und methodische Details machen mit der Moderation einer zweitägigen Werkstatt vertraut. Das Handbuch hilft bei der Planung und Anleitung, der Dokumentation und Auswertung von Zukunftswerkstätten ebenso wie bei Moderationsproblemen. Methodische Anleitungskarten zum Herauskopieren erlauben, sich für die jeweilige Werkstatt oder eine Moderation das Benötigte schnell zusammenzulegen.

Ein **Praxisbuch** für Personen, die Gruppen und Initiativen, Sitzungen und Besprechungen leiten; Lehr- und Ausbildungskräfte; Fachleute aus Institutionen, Organisationen und Betrieben; Führungskräfte aus Verwaltung, Industrie und Wirtschaft.

AG SPAK Bücher | Holzheimer Straße 7 | 89233 Neu-Ulm
Internet: www.leibi.de/spak-buecher | Gesamtverzeichnis anfordern!

EBW / IBPro (Hg.)

Fundraising

Tipps und Adressen zur Finanzierung von Vereinen, Projekten und gemeinnützigen Einrichtungen in Bayern und anderswo

ISBN 3-930830-32-9 , 3. akt. Auflage 2004 – 400 S.– 26 €

Ein umfassendes Nachschlagewerk, das in über 400 Kapiteln und Unterkapiteln die 1.000 Möglichkeiten des Fundraising mit Beispielen, Tipps, Checklisten und (Internet-) Adressen erläutert: Werbung um Mitglieder und Spender, Spendenbrief, Online-Fundraising, Sammlungen, Benefiz-Events, letztwillige Verfügungen, Unternehmenskooperation, Schulspon- soring, Lions & Co., Preise, Stiftungen, Förderfonds, Wettmittel, Bußgelder, Zeitspenden, Eigenwirtschaftliche Betätigung, Ethik und Spender-Schutz, Recht und Steuern, Förderung durch die Stadtbezirke, Kommunen, Regierungsbezirke, Länder, den Bund, die EU, die Agentur für Arbeit, die Krankenkassen und Kirchen, Literatur und Datenbanken etc.

Durch sein ausführliches Sachregister mit 1.300 Schlagworten ist das Buch auch ein leistungsfähiges Lexikon zum Fundraising. Die örtlichen Beispiele aus dem Großraum München sind leicht übertragbar auf die gemeinwohlorientierte Arbeit an allen anderen Orten. Diese dritte Auflage wurde von Grund auf aktualisiert. Sie enthält nun neben den privaten auch die öffentlichen Quellen des Fundraising, die so umfassend in der Literatur noch nicht dargestellt wurden.

EBW / IBPro (Hg.)

Stiftungen nutzen – Stiftungen gründen

ISBN 3-930830-27-2 – 3. akt. Auflage 2004 – 160 Seiten – 15 €

Die ca. 5.000 Förderstiftungen unterstützen Soziales, Kultur, Ökologie, Wissenschaft etc. Dieses Buch stellt Ihnen wichtige Stiftungen vor und zeigt, wie Sie erfolgreich Förderanträge stellen. Wenn Sie selbst stiften oder – auch ohne eigene Mittel – eine Stiftung für Ihr Anliegen gründen wollen, zeigt Ihnen das Buch dafür vielfältige – auch sehr unbürokratische – Wege auf.

Es werden die verschiedenen Modelle für Stiftungen vorgestellt. Die Errichtung, Genehmigung und Verwaltung, sowie die Gemeinnützigkeit einer Stiftung werden praktisch erläutert, ergänzt durch eine Reihe von Satzungsmustern. Hinweise auf Adressen, Literatur und Datenbanken helfen dem, der das Thema weiter vertiefen möchte.